독讀자생존 AI시대

독(讀)자생존 시대

읽고 질문하는 지혜로운 생존법

초 판 1쇄 2025년 02월 24일

지은이 강상도
펴낸이 류종렬

펴낸곳 미다스북스
본부장 임종익
편집장 이다경, 김가영
디자인 임인영, 윤가희
책임진행 안채원, 이예나, 김요섭, 김은진, 장민주

등록 2001년 3월 21일 제2001-000040호
주소 서울시 마포구 양화로 133 서교타워 711호
전화 02) 322-7802~3
팩스 02) 6007-1845
블로그 http://blog.naver.com/midasbooks
전자주소 midasbooks@hanmail.net
페이스북 https://www.facebook.com/midasbooks425
인스타그램 https://www.instagram.com/midasbooks

ISBN 979-11-7355-092-8 03100

값 19,000원

讀 독자생존 AI시대

강상도 지음

읽고 질문하는 지혜로운 생존법

미다스북스

chapter 4 디지털 시대 읽기로 살아남는 법

여전히, 읽는 삶이 필요한 이유

그 많던 책을 읽었고, 읽어 오고 있다. 나의 삶에 "책이 도움이 되었나요?" 하고 물으신다면 "당연하죠."라고 당당히 말할 수 있을까? 나는 여전히 책을 읽고 읽으나 좋은 책도 쓸모없는 책도 그 이상의 가치를 느낀다는 것은 좋은 현상이다.

책을 고르는 것도, 추천해 주는 것도, 타인에게 설명하기도 쉽지 않았다. 많이 읽는 것이 중요하지 않는다는 것은 잘 알고 있다. 중요한 것은 태도와 방향이다. 아니다. 하고자 하는 마음만 있다면 독서는 동공 지진을 일으킬 가능성이 크다. 그때의 독서 감각을 잃어버리지 않는다면 좋은 감각을 몸에 익힐 기회다. 이 기회를 놓치지 말고 낯선 감각이 익숙해지는 시간을 거쳐 더 좋은 독자가 된다.

등산도 오르는 길이 여러 갈래지만 결국 정상에 이른다. 산을 오를 때도 힘든 여정을 거쳐야 산의 여운을 감상할 수 있다는 것. 독서도 지루함을 극복하고 나아가야 좋은 독자로 만들어진다는 것이다. 그럼에도 말로 글로 표현하는 것은 타인에게 도움이 되지 않는다. 할 수 있도록 도와주어야 한다. 주변인의 도움도 중요하고 환경도 중요하지만 결국 나라는 주체가 할 수 있는 의지가 중요하다.

살아가면서 책을 읽는 시간을 잃어버렸고 독서보다 살기 위한 몸부림이 강했다. 경제적으로 나은 삶은 독서의 물리적 기능을 흡수하지만 그렇지 않은 경우가 많다. 이제까지 살아왔던 시간을 되짚어보면 책을 읽는 행위가 나쁜 의도로 비칠 경향이 많았다.

"팔자 좋네.", "여유가 많은가 보구나.", "책을 읽으면 돈이 나와?", "상식이 풍부해지겠네."

무례한 말들이 때론 자존감을 낮췄고 책을 멀리하게 했다. 하지만 동네 책방에서 만난 사람은 대화의 깊이가 달랐고 서로 존중하는 마음이 컸다. 여전히 우리가 살아가는 데 독서는 강하다는 것을 느낄 수 있었다.

우리는 사람이나 환경, 교육을 통해 좋은 독자를 만나고 독서를 발견한다. 또한, 주변인의 역할도 중요하다. 한 사람의 좋은 인연으로 독서 바이러스는 퍼져 갔고 여러 사람에게 전파됨으로써 함께 읽는 시너지 효과가 나왔다. 사람은 자기 처지에 따라 책을 다르게 해석하고 소화하고 받아들인다. 자신의 인식 수준과 사고의 깊이에 따라 읽는 방식도, 읽는 결과도 다르게 나타난다.

같은 책을 읽어도 다른 시선으로 바라보기 때문에 책 이야기를 나누는 것도 다양하게 연결된다. '독서'를 깊이 있게 바라보는 독서력을 키울수록 부단히 노력해야 읽는 삶이 달라진다.

또 한 가지 중요한 사실은 독자가 나와 함께 공감해 주길 바란다는 것이다. 책을 읽는 동안 스며든 나의 시각과 편견, 새로운 사고를 채울 수 있었던 충만감을 함께 나누었으면 좋겠다는 마음을 담고 있어야 한다.

'글을 읽는다.' 보다 '생각을 읽는다.'라는 자세로 읽어볼 것. 실제로 글은 저자가 한 생각, 의도를 파악하려 노력하면 깊이 읽는 법을 찾을 수도 있다. 훅 들어온 문장을 오래 집중하다 보면 책을 접하는 시간이 길어진다.

특히 공감하는 독서는 우리 사회를 함께 생각하고 행동하며 따뜻한 공간으로 만드는 열쇠가 된다. 공감한다는 것은 나와 너, 각자에게 일어나는 일들을 우리의 삶으로 와닿게 하는 믿음이다. 공감 독서는 책을 통해 그러한 힘을 느끼게 만든다. 따라서 디지털 시대에 공감하는 능력이 중요할 수밖에 없다. 우리 함께 고민하고 여전히 독서가 강하다는 것을 한 사람 한 사람에게 전달하는 언어의 문장이 많아졌으면 좋겠다. 독서의 효용성과 가치를 얼마나 담아낼 수 있을까?

독서라는 마법에 걸리는 순간 역사와 인물, 문학, 문화와 정치, 경제, 법, 종교, 삶 등을 두루 만날 수 있다. 언어능력이 많을수록 책의 세계는 더욱 확장될 것이고 폭넓은 세계관이 열린다. 삶이 충만해질 그대는 독서를 하지 않을 이유가 있겠는가? 하지 않으면 도태될 것이다. 특히 디지털 시대에 도태되지 않기 위한 수단으로 독서를 생각할 때이다.

디지털 시대를 인공지능, 챗GPT(ChatGPT), 온라인 정보화시대라 한다. 지금의 온라인 시대는 읽기보다는 묻기만 하면 답을 내놓아주는 편리한 세상이다. 하지만 인공지능에 의존하면 생각의 근육은 퇴화한다. 글을 읽고 창의적으로 해석하고 잘 활용하는 능력을 길러주는 독서가 중요한 시점이다. 제대로 된 질문을 던질 줄 알고 활용할 수 있는 능력을 기르는 훈련과 습관이 필요하다. 디지털 시대에 우리가 살아남기 위한 생존의 지속가능성은 독서에서 나온다.

따라서 이 책은 '디지털 시대에 살아남기 위해서 어떤 능력을 갖춰야 하는가?'라는 질문을 통해 얻을 수 있는 다양한 행위 즉, 읽고 표현하고 질문하는 것을 만들고 실천하는 방향으로 제시하고 있다. 챕터 1장 **'삶의 변화에 독서가 있었다'**는 독서가 어떻게 나의 삶에 변화를 주었고 좋아졌는지를 안내한다. 챕터 2장은 **'독서가 필요하지 않은 삶은 없다'**는 책은 왜 삶의 무기가 되고 미래를 움직이는 지를 알아본다.

챕터 3장은 **'디지털 시대 읽기를 준비하다'**는 디지털 시대에 읽기의 역량에 관한 준비 상황을 살펴보았고 챕터 4장은 **'디지털 시대 읽기로 살**

아남는 법'은 디지털 시대에 독자의 자세와 살아남기 위한 전략을 풀어냄과 동시에 특히 독자생존을 위한 독서 팁을 제공하여 디지털 시대에 슬기로운 생존법 노하우를 담았다.

이 책을 읽으면서 자기만의 독서생존 전략을 세워보자. 우리가 살아가야 할 디지털 시대에 기본적으로 절실히 요구되는 도구이기 때문이다. 단순히 기술을 사용하는 것을 넘어, 데이터와 기술의 상호작용을 이해하고 이를 통해 문제를 해결하는 능력인 [1]디지털 마인드셋을 갖추는 것이 필수적이다.

디지털 시대에 다르게 생각하고 새로운 가능성을 바라보는 힘을 가진 '디지털 마인드셋'의 접근 방법으로 살아야 한다. 이처럼 AI가 우리의 삶에 깊숙이 침투하고 있는 상황 속에서 잠재된 디지털 마인드셋을 넓혀 가기 위한 유일한 생존법은 '독서'다.

철학자 랄프 왈도 에머슨은 "책을 읽는 것은 새로운 세상을 여는 열쇠를 찾는 것"이라고 말했다. 디지털 시대에 만능열쇠인 책을 읽어 보라.

결국, 독서가 답이다.

2025년 1월 나의 고도를 기다리며

읽는 독자 강상도

1 디지털 마인드셋은 데이터, 알고리즘, AI 등이 사람과 조직에게 어떻게 새로운 가능성을 열어주는지 발견하고, 비즈니스 환경에 적용하여 성공적으로 길을 개척해 나가는 일련의 태도와 행동을 말한다.

chapter 1

삶의 변화에 독서가 있었다

나의 삶을 변화시킨 독서

한 해가 가면 어떤 책이 많이 읽혔고 기억되는지를 데이터로 분석하는 출판사와 도서관, 서점에서는 분주한 마무리를 보낸다. 이 작업이 중요한 이유는 책을 읽어왔던 시대의 흐름과 사람들의 마음을 읽을 수 있기 때문이다. 내 삶과 얼마나 닿아 있었나? 하는 물음을 던질 수도 있다. 『세이노의 가르침』, 『도둑맞은 집중력』, 『도시와 그 불확실한 벽』 등 현실에서 안주하기보다는 자기 계발과 나에게 집중해 보는 독서, 현실에서 마주할 수 없는 인간세계 등의 독서는 거인의 어깨 위를 밟고 올라설 용기를 길러내는 것이다.

하지만 독서는 삶과 연결 짓기에 매우 이상주의적이다. 아무리 지식을 넣고 사고를 파고든다고 해도 한순간 느낄 뿐 오래가지 못하는 단점이 있다. 지금까지 해 왔던 무수히 많은 독서가 헛것으로 보일까? 그만큼 우리에게 독서는 허상을 바라보는 도구에 불과하지만, 끊임없는 노력의 결과는 반드시 보상받을 것이라는 믿음이 잠재돼 있다.

그 한 예가 글쓰기에서 나오는 질적 언어가 멋스럽게 다듬어진다는 것이다. 두 번째로 문해력과 언어 수준이 높아져 바라보는 시각이 달라진다. 예를 들며, 니체의 『짜라투스트라는 이렇게 말했다』와 강용수의 『마흔에 읽는 쇼펜하우어』를 읽으면서 머리를 후려치는 구절을 해석할 수 있었다.

"짜라투스트라여, 그대는 아직도 살아있는가. 왜? 무엇 때문에? 무엇에 의해? 어디로? 어디에? 어째서? 아직까지도 살아 있다는 것은 어리석은 일이 아닌가."

이들의 냉철한 통찰적 사유는 분명 우리의 생각을 깊어지게 했다. 냉정하고 객관적으로 바라보는 방식을 만들어간다는 것이 분명 나를 성장시킨 시간이라 의미가 깊었다.

고미숙 고전 평론가는 "그냥 살면 보이지 않는다. 책을 읽으면서 다른 사람이 어떻게 생각하는지 살피고 자기 삶에 응용해야 한다."라고 말했다. 저자의 생각과 의미를 기웃거린다는 것은 엄청난 깨달음을 얻을 기회다.

그림을 바라보는 관점, 음악과 시의 감각을 느껴보는 것 등 나의 삶을 변화시키고자 노력하게 만들었다는 점에서 독서는 지금도 의미를 가지는 중이다. 가장 많이 변해왔던 것 중 하나는 독서가 일상의 루틴으로 생활화되었다는 것이 감사한 일이다. 새벽에 일어나 30분 독서를 했고 출근하면서 짬짬이 책을 읽었다. 출근 때는 소설보다 짧은 계발서나 에세이가 읽기가 편했다.

나는 책 읽는 틈새 시간을 즐긴다. 퇴근 시간 후에 틈틈이 읽었다. 조용한 학교 도서관에서 하루를 마무리하는 독서는 꿀맛 같은 휴식 시간이다. 퇴근 후 동네 도서관에 들러 새로운 책이나 소식지를 보았다. 가끔 한눈에 반하는 책이 있으면 훑어보고 읽어보았다.

새 책 위주로 살펴보았고 관심 가는 주제의 책을 대출했다. 때론 서가에서 우연히 좋은 책을 발견하면 기뻤다. 밤의 시간은 집중해서 책을 읽었다. 한 권이 끝나면 사회관계망서비스(SNS) 공간에 서평을 올렸다. 독서는 나의 삶에 큰 변화를 주었고 방향을 알려주었다. 읽는 자체에 무게를 두는 것이 아니라 한 줄이라도 멈추게 되는 글귀를 나의 언어로 품었다. 독서는 끊임없이 질문을 던지게 했고 가르쳐주었다. 독서만큼 우리 삶을 살찌게 하는 평생의 도구는 없을 것이다. 제아무리 많은 책을 읽는다고 그것이 인간적인 성숙으로 직결되는 것은 아니다. 중요한 것은 책을 제대로 읽고 실천하는 마음이 있어야 한다. 사회학자인 정수복 작가는 "책은 자신을 발견하고 발명할 수 있는 수단"이라고 말했다.

나를 발견하고 스스로 성숙한 자신을 만들어가는 힘을 길러낼 수 있다는 것에 방점이 찍힌다. 삶에 있어서 가장 쉽게 해내는 방법은 독서밖에 없다.

단 몇 시간의 투자로 심장이 요동치는 경험을 할 수 있는 건 오직 독서에서만 누릴 수 있는 인생 법칙일 것이다. 독서의 기적을 바라보는 것이 아니라 그 법칙을 버리지 않도록 우리는 독서에 목숨을 걸 정도로 힘껏 읽어 나갈 필요가 있다. 독서는 우리 삶을 변화시키는 가치를 지닐 정도로 정신적 양식이자, 끝없는 삶을 바라보게 한다.

세계적인 독서가로 유명한 알베르트 망겔은 "우리는 이해하기 위해, 아니면 이해의 단서를 위해 읽는다. 독서는 숨 쉬는 행위만큼이나 필수적인 기능이다."라고 했다.

독서는 어떻게 나의 삶을 변화시켰나? 나의 답변은 "삶의 가치를 발견하는 소중한 시간"이 되었다고 말하고 싶다. 소중한 시간을 통해 나를 알아가고 싶고 달려가고 싶고 꿈꾸고 싶은 것들이 많아졌다. 사이토 다카시는 "독서를 시작하기만 한다면 변화는 이미 시작된 것이다."라고 말했다. 독서는 변화의 시작이다.

나는 왜 책을 읽는가

며칠 동안 글을 쓰지 않으면 글의 감각이 무뎌진다. 매일 쓰는 습관이 글의 감각을 높이고 짜임새도 뚜렷하게 드러난다. 책 읽기도 게을리하면 감각의 순환이 필요 이상으로 약해진다. 책 읽기는 우리 삶과 밀접하게 연결되어 있기에 소홀히 할 수 없는 감각의 시간이다. 그 시간만큼 적극적인 읽는 행위가 필요하다. 하지만 독서가 우리 삶의 우선순위에서 홀대받는 것이 오늘내일이 아니었다.

'2023 국민 독서실태 조사 보고서'에 따르면 성인의 종합독서율은 43%로, 지난 2021년 대비 4.5% 감소, 1994년 독서 실태조사를 시행한 이래 가장 낮은 기록으로 나타났다.

무엇이 우리의 읽기를 방해하고 있는가? 아니 무엇이 읽기보다 중요한 것으로 간주되는가? 읽는다는 것이 우리 삶에 중요하지 않는 부분으로 취급되는 경우가 많기 때문이다.

'읽는다'라는 것은 질문하고 답하고 이해하는 과정을 통해 삶으로 연결되는 것, 이를 통해 깊이 있는 사고 경험에 이르는 힘을 가진다. 깊이 있는 사고는 우리 삶을 살찌게 하고 다양한 사회적 범위를 넓힐 수 있는 도구임은 틀림없다.

책을 가까이하지 않은 비독자의 '왜 책을 읽어야 하는가?'라는 질문에 이해할 수 있는 답을 내는 사람은 몇 명이나 될까? 이해시키고 설명하는 과정부터 벽에 부딪힐 가능성이 클 것이다. 답을 말하기보다는 답을 찾아가는 과정이 우리에게 필요하다.

프랑스의 작가 샤를 단치는 그의 저서 『왜 책을 읽는가』에서 "어떻게 경이로운 작품들을 찾아낼 수 있을까? 비결은 많이 읽고 많이 실패하는 것이다. 안타깝지만 그 방법뿐이다."라고 말했다.

많이 읽고 많은 실패를 경험하는 과정이 책을 고르는 것에서도 책을 읽는 과정에서도 중요한 부분이다. 그 과정에서 비독자가 독자가 될 가능성이 크기 때문이다. 세상을 따뜻한 눈빛으로 들여다보는 일, 책을 통해 깨어나고 생각해 보는 일은 우리 삶의 질과 폭을 넓힐 기회를 제공하기에 책의 가치는 충분히 입증되었다.

인터넷과 유튜브의 세상에서 아날로그인 책이 살아남을 수 있었던 것은 읽는 독자에게 믿음의 가치를 주었기 때문이다. 많은 정보의 홍수 속에서 종이책은 깊이 있는 믿음을 주었다. 또한, 문제해결력과 비판적 사고를 통해 넓은 관점으로 세상을 바라보게 된다는 것에 독서는 매우 훌륭하고 경이롭다.

책이 보내는 신호

'책을 읽는다.' 읽는다는 행위는 사람마다, 사회 분위기나 시대의 변화에 따라 다양한 의미를 지녔다. 누군가는 자기 계발을 위해 또 누군가는 세상과 발맞추기 위해 책을 읽는다. 이 모든 것에서 책이란 도구는 우리 삶에 뫼비우스의 띠처럼 촘촘하게 연결되어 있다.

독자는 책 속에서만 얻을 수 있는 어떤 몰입과 연결의 경험을 더 많은 비독자에게 전달하는 역할을 해야 한다. 우리는 그 속에서 "책이 삶의 우선순위가 되는 놀라운 일을 마주하지 않을까?" 하는 희망을 품을 수 있다.

우치다 다쓰루의 『도서관에는 사람이 없는 편이 좋다』에서 "책이 저를 향해 신호를 보내는 경우가 있습니다. 고요한 도서관에서 서가 사이를 돌아다닐 때 그런 일이 일어나지요."라고 했다. 저자의 말처럼 책은 우리에게 신호를 보낸다. 훑어보는 눈이 아니라 직접 읽는 눈으로 세상을 바라보라고 경고하고 있다.

오디오북, 동영상, 줄글을 읽을 때 뇌가 활성화되는 부위는 분명 차이가 있다. 명확하게 이해하는 책 읽기는 뇌를 활성화시켜 다양한 정보처리를 구축하고 삶을 바라보는 관점을 달리하게 하기 때문이다.

책의 세계는 우리의 삶과 연결되었다. 무지의 삶에서 앎의 삶으로 가는 독자가 진정한 삶의 질문을 던질 수가 있다. 읽기는 재미있고 흥미진진하다는 뿌듯함이 결국 나는 책을 읽고 그 과정을 즐길 것이라는 믿음으로 이어지므로 멈출 수가 없었다.

신경 언어학자인 마크 세이덴버그는 "우리가 왜 읽기를 해야 할까요? 읽기에서 얻을 수 있는 것들이 너무 많기 때문에 다른 방법이 없습니다."라고 말했다. 읽기는 다른 정보와 연결되는 통로가 되어주기 때문에 그 가치는 어마어마한 힘을 미친다.

나는 왜 책을 읽는가. 책은 나에게 크고 작은 변화를 일깨워주는 스승이 되었기 때문이다. 책이 신호를 보내기 전에 읽는 호흡을 스스로 점검하고 정리하여 나의 책 읽는 방법으로 만들어가는 것이 중요하다. "길을 아는 것과 그 길을 걷는 것은 다르다."라는 말처럼 결국 독서는 단순히 앎의 대상이 아니라 적극적으로 습관화할 수 있는 실천력이 동반되어야 한다.

"나는 읽어야 한다. 내 삶의 대부분은 독서다." _올리버 색스

독서는 문화다

우리의 대화는 개인적 일상과 운동, 주식과 돈, 직장, 사생활 이야기가 주를 이룬다. 책이 관련된 이야기는 드물다. 독서가 무릇 일상화되기에는 어렵다. 독서의 일상화가 필요하다는 것은 공감하나 자연스럽게 대화 주제로 흘러가기에는 어려운 현실이다.

"요즘 읽고 있는 책은?", "어떤 책이 요즘의 유행일까?", "추천하고 싶은 책은?", "너의 인생 책은?" 이런 대화쯤 한번 나오기가 어려우니 책을 읽는 사람도, 책을 읽고 싶은 사람도 함부로 이야기를 꺼내기가 두려운지 모른다. 책을 읽지 않는 시대에 책과 함께하는 사람은 특별하고도 희귀한 존재일까? 그것도 아니다. 책은 우리 일상에서 사유와 사고의 폭을 넓히는 생각 도구다. 책이 존재해 왔기에 현재의 우리가 이루어놓은 모든 지식과 기술은 빛나게 되었다.

나는 어릴 적부터 책을 좋아하는 어린이가 아니었다. 책이 없는 환경에서 자라 늘 책이 있는 마을도서관에서 놀았고 동경의 대상이 되었다. 만화영화에서 보았던 상상의 세계가 머리로 그려졌고 꿈이 하나씩 생겼다. 책에서 보았던 미지의 세계를 동경했고 주인공이 풀어가는 모험은 또 다른 세계를 만나는 기분이었다. 그때까지는 도서관의 의미를 몰랐다. 도시의 도서관은 생활과 밀착되어 다양한 이야기가 공존했다. 나는 도서관 생활을 일상화하여 변화를 달궜다. 책이 주는 일상 변화를 느꼈던 시기에 강한 자극을 받았고 습관처럼 읽었다. 개인적 독서를 하고 나서 여러 독서 모임에 참여도 해보았고 서평, 글쓰기 등 인풋과 아웃풋을 실천해 나갔다.

책을 읽는 법, 개인적인 독서법을 만들어가는 과정은 나를 독서의 세계로 빠지게 했다. 독서의 시간과 방법들이 나의 몸에 익혀질 때 책은 언제나 나의 손에 닿았다. 익숙해질 때 몸은 기억했고 책은 일상의 순간을 사고로 채웠고 사유하게 했다. 그 모든 가능성은 책에서 비롯되었다고 할 수 있다.

『너를 위한 증언』, 『튜브』, 『서른의 반격』, 『나는 소망한다 내게 금지된 것을』, 『단 한 사람』 등 책 모임에서 읽는 소설은 우리가 함께 나누는 이야기로 삶이 되었다. 삶이란 것이 책 속의 문장을 속속들이 파고들 때도 있었고 "나라면 어떻게 했을까?" 하는 의문의 질문을 던질 때도 있었다.

훅 들어온 문장은 오래 남았다.

"그런데 우연히 일기를 쓰기 시작한 후로, 사소한 말투나 단어 선택이 지금까지 중요하게 여겼던 일들만큼, 아니 때로는 그보다 더 중요하다는 사실을 깨달았다." _『금지된 일기장』, 알바 데 세르페데스

개인의 독서가 일상화될 때

이탈리아 작가 알바 데 세스페데스가 말한 "가장 내밀한 사유를 지극히 자연스럽게 공론화"하는 일기라는 형식처럼, 개인적 독서가 때론 큰 위력을 발휘하기도 한다. 쌓아온 책의 무게가 대화를 통해 나타나기도 한다. 한 사람의 독서가 여러 사람으로 퍼져갈 때 독서는 사회화가 되었다.

독서의 사회화는 개인과 개인의 책 읽기를 함께 공유하고 평가하여 더 나은 황금알을 낳았다. 함께하는 독서 모임은 새로운 시너지 효과를 품고 있다. 한 권의 책에는 변화의 실마리를 제공하는 중요한 요소가 배제되어 있기 때문에 잠재된 사유의 세계를 함께 깨야 한다. 그렇게 하려면 먼저 개인적 독서가 일상화되어야 한다. 그다음은 사회적 독서가 완성되도록 개인과 개인, 사회와 개인이 서로 노력해야 한다. 이 과정이 완성되면 독서문화는 저절로 뿌리내릴 것이다.

아주 먼 곳 작은 마을의 도서관이나 책방에서도 독서라는 작은 등불의 씨앗이 피어올랐다. 가장 이상적이고 버릴 수 없는 문화는 독서일 가능성이 크다. 경남 밀양의 작은 농촌 마을에서의 변화도 그 시작점은 개인적 독서였다. 고된 농사일에도 그들의 집념과 노력의 결과가 이제까지 마을에 독서문화를 자리잡게 하는 계기가 되었다. 경남 진주의 마하어린이 청소년 도서관에서도, 김해 주촌의 한 마을에서도 독서가 뿌리내리는 순간 삶의 질적 변화가 서서히 나타났다. 개인의 독서를 성장시키는 중요한 기준은 열린 마음이다. 우리는 독서에서 답을 찾아 나설 때이다. 개인의 독서가 일상화될 때 독서는 사회화되고 한 나라의 문화가 된다. 독서는 문화다.

도서관 마일리지의 문화적 혜택

요즘 책 읽는 사람이 귀하다. 책보다 유튜브나 온라인으로 콘텐츠를 즐기는 사람이 상대적으로 많다. 하지만 독서는 일상의 피로를 씻어주고, 문화 수준도 높일 수 있다. 다양한 주제의 책들이 도서관마다 많이 비치돼 있지만, 이를 활용하는 사람이 기대보다 많지는 않은 실정이다. 독서율을 높이기 위해 도서대출증을 자주 사용할수록 포인트가 쌓이는 제도를 만들어 보면 어떨까. 단순히 연체 해제나 대출 권수 확대에서 벗어나 일정한 포인트가 쌓이면 미술관, 아트센터, 영화관 등에서 혜택을 볼 수 있게 하면 좋겠다. 도서관 또한 자체 행사나 교육에 참여하는 이용자에게 더 많은 마일리지를 줄 수도 있을 것이다. 도서관과 동네 책방을 연계한 서비스를 만드는 것도 가능할 것이다. 이렇게 되면 도서관을 매개로 지역의 다양한 문화시설이 마일리지로 연결돼 문화 서비스 이용객이 증가하고 시민들의 만족도도 올라갈 것이다. 이런 문화적인 선순환 체계를 만들 수 있는 정책이 필요한 시점이다.

쇼펜하우어의 『쇼펜하우어 아포리즘』 중에서 "독서는 나를 표현하기 위한 일종의 자극이다. 자극만 받고 이를 표출하지 않는다면 언젠가는 그 자극에 무뎌진다. 이는 독서의 폐해라고 할 수 있다."라고 말했다. 그의 말처럼 책을 읽고 나서 자극만 받고 표출하지 않는다면 독서의 폐해요, 불행이다. 진정으로 다양한 삶의 방향을 독서로 표출해 보자. 삶이 바뀐다. 문화가 바뀐다.

사슴벌레식 독서법

책을 읽고 나서는 기억이 나지 않는다. 서평을 쓰고 브런치 콘텐츠에 올리지만, 그 순간이 지나면 잃어버리는 것이 다반사다. 기억나지 않아도 책을 읽는다. 그 순간만은 재미와 짜릿한 순간들이 있다. 그 순간을 기억하고 싶어서 문장에 밑줄을 긋는다. 밑줄의 문장은 나의 문장이 아니지만, 머릿속에 맴도는 사고의 감각을 넣었고 나의 언어로 해석하면 충분했다.

글은 묘한 매력을 가졌다. 글이 모이면 입을 통해 내뱉는다. 그때가 나의 독서 수준을 가름해 보는 기준이 되었다. 온갖 생각들을 정리하고 그중에 가장 나다운 글의 언어로 풀어냈다.

책 모임에서 이를 증명할 기회가 열렸고 일상의 대화에서도 가끔 멈췄던 문장을 곱씹어 보았다. 글쓰기에 잠식해 있다가 대화에서 나온 글은 놀랍게도 나의 언어로 발화되었다는 사실에 짜릿함을 느꼈다. 사실

소설보다 자기 삶을 바라보는 에세이, 사회문제, 인공지능과 관련된 과학, 매력적인 총류 위주로 읽어왔지만, 소설이 주는 그 짧고도 강렬한 문장이 자연스럽게 내 감각의 언어로 승화됐다. 비문학에서 문학으로, 사회과학에서 예술, 철학에서 진실한 역사 등의 관심으로 서서히 읽는 장르를 넓혀갔다.

책은 혼자도 읽고 마음 맞는 사람과 함께 읽기도 한다. 누군가의 의도에서 읽는 것부터 홀로 읽고 싶은 마음도 있다. 나는 줄곧 혼자 읽는 스타일이다. MBTI(성격유형)도 ENFJ(외향·직관·감정·판단)이다. 불타오르는 기분으로 책을 읽는다. 10대 때는 손에 잡힐 듯한 책이 어렵게만 느껴졌고 20대는 그저 읽는 시늉으로 책을 읽어왔다. 30대 때는 남의 말에 홀려 추천한 책만 읽었다. 40대는 좋아하는 분야가 선명해졌고 책 읽는 속도마저 빨랐다.

50대부터 독서를 위해 책을 읽고자 하는 목적이 분명했다. 선명하게 드러난 삶에서 독서가 차지한 비중은 컸다. 글을 쓰게 했고 책을 출간하게 했다. 나 자신에 관한 생각과 사고가 확장되는 시간이 길어질수록 나를 들여다보게 되었다.

들여다본다는 것은 다양한 시각으로 생각을 나누는 독서 수준에 도달하게 할 수는 있지만, 중요한 것은 독서는 하나의 세계를 열어가는 힘을 제공하기 때문에 소홀히 할 수 없다.

독서로 할 수 있는 것이 많아졌다. 글을 쓸 때, 대화할 때, 책 모임을 할 때, 삶을 고민할 때, 생각을 정리할 때 독서는 기준을 제시해 주었고 방황을 멈춰주었다.

독서는 끝내 자기만의 세계에 빠져야 한다. 타인의 도움을 받을 수 있으나 결국에는 혼자 가야 하는 방도가 좋은 독자의 길이다. 고민하고 평가하고 다시 환원을 통해 나의 독서 스타일을 개척하는 것이 중요하다. 나는 동네 책방에서 구매한 책과 도서관에서 빌린 책을 훑어보고 가장 나에게 맞는 스타일의 책을 우선 읽어 내려갔다. 몇 권의 책은 실패할 확률도 분명히 있다. 책을 선택하는 데 실패와 실패의 과정이 대단히 중요하게 작용한다. 책의 목록을 살펴보면서 중요한 기준이 생겼다. 청소년 소설을 좋아했고 도서관에 관련된 이야기를 깊게 들여다보았다. 요즘엔 사회적 용어에 귀를 기울였고 쓰는 것과 독서에 대해 눈여겨보았다는 것에 역시 무게감이 실렸다.

다음엔 다양한 분야의 책을 눈여겨볼 힘을 기르고 싶다. 필사, 서평, 낭독, 토론, 기록과 평가를 통해 책 한 권을 읽어도 제대로 나의 것으로 습득할 수 있는 시간을 많이 가져야겠다는 다짐을 해본다. 독서는 나를 성장시키는 힘을 지녔다. 늘 습관적으로 의문을 품는 책 읽기 습관이 필요했다. 그 과정들이 쌓여 책을 읽는 이유가 생겨났다. 황홀하고 흥미진진한 독서의 세계에 의젓한 독서 화법으로 긍정의 용기를 불어넣어 주자.

의젓한 독서 화법

권여선의 소설 『각각의 계절』에서 첫 번째 단편인 「사슴벌레식 문답」에서 의젓하게 대답하는 독서 대화법을 배웠다. 독서의 의미 또는 무의미에서 자신 있는 개인적 독서 화법으로 의젓하게 기어가면 좋겠다. 사슴벌레처럼.

사슴벌레식 문답 독서법

너는 왜 독서를 하니? 나는 어떻게든 책을 읽을 거야.

너는 책이 재밌니? 나는 무슨 책이든 다 재미있어.

프랑스 작가 마르셀 프루스트는 "모든 독자는 자기 자신의 독자다. 책이란, 그것이 없었다면 독자가 결코 자신에게서 경험하지 못했을 무언가를 분별해 낼 수 있도록 해야 한다."라고 했다. 책을 읽는 것은 나 자신을 읽는 것이다. 나 자신을 읽는다는 것은 나를 깨닫는 중요한 의미다. 나만의 독서법을 만들어가는 과정은 독서력이 만들어지는 계기가 된다.

도둑맞은 독서력 찾기

요즘 나의 일상을 돌이켜보면 집중할 수 있는 시간이 도둑맞은 것처럼 짧게 느껴졌었다. 스마트폰이 원인이었다. 알림으로 도착한 메일, 문자, 카톡과 SNS, 쇼츠 영상 등 하루에 확인하는 횟수가 늘다 보니 책 한 권을 읽는 것도 힘에 부친다. 짧은 시간 안에 원하는 결과물을 얻을 수 있어 이런 콘텐츠에 시간을 빼앗길 수밖에 없다. 짧을수록 더 끌리는 숏폼 디지털 환경에 노출되면서 집중력이 흐트러지는 것은 당연하게 받아들여지고 있다. 뉴욕타임스 프리랜서 기자 캐서린 프라이스는 "스마트폰이 우리의 기억을 좀먹는다."라고 말했다.

나는 스마트폰 중독 자가 진단 테스트에서 4개 이상 '그렇다'가 나왔다. 문항은 총 10가지로 이 중 '그렇다'가 8개 이상이면 중독, 5~7개는 의심, 3~4개는 위험군이다.

영국 저널리스트 요한 하리의 『도둑맞은 집중력』 책에서 현대인은 심각한 수준의 집중력 저하를 앓고 있다고 했다. 미국의 10대들은 한 가지 일에 65초 이상 집중하지 못하고, 직장인들은 평균 집중 시간이 3분에 불과하다는 것도 밝혀냈다. 학교 도서관을 이용하는 초등학생만 보아도 알 수 있다. 책 읽는 아이보다 친구와 이야기 나누는 시간이 더 많았다. 책 읽는 아이라도 5분을 넘지 않아 집중력에 관한 심각성을 절실히 느꼈다. 몰입할 수 있는 자기 행동에 대한 확신이 없다 보니 주의력이 산만해지고 책 읽는 시간에도 깊이 빠지지 못하는 상태에 이른다.

이에 반해 디지털기기는 짧은 순간에 집중도가 높아 몰입도가 깊어진다. 눈으로 보고 익히는 영상과 정보 매체 활동을 할 때는 몰입감이 상당히 높아지는 동시에 집중력도 좋아졌다. 스마트 기기 속 세상은 시공간을 초월해 즉각적으로 정보를 보여주고 재미도 있다. 나에게 필요한 정보만 걸러내어 주는 알고리즘의 편리함과 빠른 속도에 빠질 수밖에 없다. 시간이 언제 지나갔는지 알 수 없을 정도로 주의력을 도둑맞는 경우가 허다하다.

이런 일상의 변화에 상당히 민감하게 반응하고 있다. 특히 책 읽을 때다. 책을 몰입해서 읽는 시간도 짧아져 한 권을 완독하는 기간도 길어질 수밖에 없었다. 그 외 글쓰기, 업무에도 영향을 미쳐 심각한 수준에 도달하게 되었다. 독서가 중요하다는 인식에는 공감하지만 스마트 기기의 익숙함에 빠져 결국 생활 리듬이 깨지고 집중하는 시간도 짧아지는 경우는 당연한 결과일지 모른다. 어떻게 하면 도둑맞은 독서력을 찾을 수 있을까? 요한 하리는 현대 사회의 집중력 부족에 대해 조명하여 『도둑맞은 집중력』에 이렇게 풀었다. '몰입'을 "하는 일에 너무 푹 빠진 나머지 모든 자아 감각을 잃은 상태, 시간이 사라진 듯한 상태, 경험 그 자체의 흐름을 탄 상태"로 정의했다. 몰입에서 중요한 것은 현재이며 행위 그 자체이다. 몰입을 더 많이 경험할수록 우리는 집중력 회복에 더 가까이 다가간다고 말했다.

몰입의 독서로 회복하라

긴 글을 읽는 게 힘들고 자꾸 스마트폰에 눈길만 갈 때 주의를 산만하게 하는 것들을 제거하고 느린 속도로 천천히 읽어가는 몰입의 상태를 즐겨야 한다. 책 속에 빠지는 순간을 많이 경험할수록 집중력은 빠르게 회복되며, 그 시간이 책 읽는 습관으로 스며들 때까지 나만의 독서력을 찾아내는 것이 중요하다. 특히 슬로리딩처럼 천천히 읽는다. 읽는 과정 자체의 즐거움을 느끼려고 노력하는 것이 중요하다.

독서의 근육이 단단해질 때까지 흐름이 깨지지 않는 집중력과 몰입의 힘을 회복하는 시간으로 만들어 보면 좋겠다.

정보기술 미래학자 니콜라스 카는 "인터넷을 사용할수록 훑어보고, 건너뛰고, 멀티태스킹하는 신경회로는 강해지지만, 집중력은 사라진다는 것이다."라고 말했다. 깊게 호흡할 수 있는 몰입 독서의 중요성을 강조한다. 몰입 독서는 혼란한 시간에도 오롯이 집중하여 꾸준히 책 읽는 습관을 지니는 것이 필요하다.

읽지 않으면 '왜' 불편할까

책을 읽어왔던 시간이 길었지만, 세월만큼이나 깊이 다가오지는 않았다. 깊이 다가왔던 시기가 없었던 것은 책 읽을 여유로운 시간이 없기 때문이다. 책 모임을 하면서 읽지 않으면 의견을 낼 수 없고 타인의 생각을 주워 담을 수 없었다. 그 사실에 책은 자연스럽게 읽어야 한다는 의무감으로 읽을 수 있었다. 책은 한 사람의 삶을 단순히 그리는 것이 아니라 복잡하면서 미묘한 이야기로 나를 곳곳에 인도했다. 어느 길모퉁이에 서서 책에서 만났던 그 아이의 얼굴이 선명하게 그려지기도 했고 어느 마을 카페에서 기웃거리는 한 남자는 그 소설의 주인공처럼 느껴질 때가 있었다. 어느 순간 사라져 버릴 사유의 시간을 붙잡기 위해 독서를 결심하였는지도 모른다.

그 사유의 시간은 결국 나를 사랑하는 삶을 만들어주기 때문이었다. 삶이 독서로 채워질 때 어떤 마법이 일어날지 궁금해진다. 글을 쓰고 서평을 쓰는 것처럼 여러 감정의 순환이 언어로 들어올 때가 있다. 흡입력이 강한 글은 나의 언어로 깊숙이 들어왔다.

독서가 독서로 끝나지 않고 삶으로 이어졌다는 것은 고무적이다. 글쓰기 관련 책을 읽고 책을 출간하는 영광을 누렸고 책을 여러 권 읽으며 책 모임을 구체적으로 실천하게 되었다. 독서는 일상의 변화를 주었고 꾸준히 오른 등산처럼 루틴한 삶으로 바꿔놓았다.

책으로 세상을 보는 안목이 키워졌고 추천하는 책도 많아졌다. 어딜 가도 책으로 연결되었고 삶의 일부분이 되었다. 책 추천하는 사람으로 믿음을 주었고 그 반응은 또 다른 추천 책으로 누군가를 독자로 만들었다. 당연한 의무감에서 시작한 독서가 슬럼프를 거쳐 지금의 독서가를 만든 것은 참으로 아이러니하게도 누구의 도움을 받지 않는다는 사실 때문이다. 사람보다 책 속의 문장을 곱씹어 보았고 힘들고 외롭고 지칠 때 어떤 상황인지 나의 관점에서 계속 파고들었던 끈질김이 비결이라 할까.

낮은 자세로 독서하기

요즘 책 읽는 것이 늘 새롭다. 아직 미생의 독서가가 완생으로 가기 위한 발걸음이다. 새로운 등산로도 정상을 향한 발걸음이라는 목표가 있을 때 올라서는 의지가 생기는 것이다.

『해빗』을 쓴 웬디 우드는 "변하고 싶다면 변할 수밖에 없는 환경부터 만들라."라고 했다. 책을 읽는 상황을 만들고 환경을 만드는 것이 필요하다는 것. 개인적인 독서보다 함께 읽는 모임이 다양한 읽을거리와 이해의 폭을 넓혀가는 힘을 느낄 수 있다. 책이 가진 다양성이 생각을 자유롭게 펼칠 가능성을 주기 때문이다. 함께하는 독서는 의무감을 줄 뿐만 아니라 책을 읽는 활동 영역을 늘렸다. 책의 분야를 넓게 바라볼 수 있고 읽은 후에도 사고를 한정되지 않고 폭넓게 인지할 수 있다. 책 모임 회원과 카페 또는 책방에서 책 이야기를 하면 분위기가 달라지고 말의 깊이와 기억의 선명도가 확장되는 경향이 있다.

독서가 우리에게 취미인 시절도 있었다. 지금이야 독서는 좋아하거나 싫어하는 방향이 분명하게 갈린다. 독서는 삶에 경계 위에 기본이 되어야 한다. 독서로 말하고 평가하는 시대적 사고는 언제쯤 실현할 수 있을까.

독서가 삶으로 들어가기 위해서는 독서가 절실하게 와닿아야 하는 마음의 자세가 필요하다. 독서는 고귀한 존재로 인식하고 발전시켜야 한다. 『코스모스』, 『이기적 유전자』, 『서양미술사』, 『사피엔스』, 『총, 균, 쇠』 등 이런 벽돌 책이 좋은 책이라고 하지만 사실 자기만의 책들을 읽어 나가는 것이 중요하다. 높은 산에 올라가기 위해선 작은 산부터 오르기를 연습해야 한다. 독서도 그런 의미와 상통한다. 낮은 자세로 독서를 시작해야 한다.

독서의 가치를 설파하는 말들은 많지만 모두 낡고 인지하지 못할 말들로 현실성이 떨어진다. 독서의 어떤 중요성을 강조해도 책을 읽지 않을 사람은 읽지 않는다. 독서는 개인적이기 때문에 스스로 실천해야 한다. 왜 읽어야 하는가의 의문보다는 읽지 않으면 왜 불편한지를 먼저 깨닫기를 바란다. 독서가를 만나거나 주변에 많은 책을 읽는 사람을 만나면 나름의 자극을 받을 것이고 용기를 얻을 수 있다. 여러분 스스로 독서를 하지 않으면 왜 불편한지를 인지한다면 답은 분명히 있다. 2025년 새해의 화두는 '독서'가 되도록 주변의 삶에 독서의 바람을 불러들이는 환경을 만들어가면 좋겠다.

지역은 더 심각합니다

세계 최저에 가까운 독서율이 극명히 드러나는 게 한국의 현주소다. 그러나 위기가 기회의 순간이라는 말이 있듯이 타개책을 고민할 필요가 있겠다. 부끄러운 현실 앞에서 우리가 분명하게 알아야 할 중요한 것들을 놓치고 있다. 분명한 것은 이렇다. 책을 읽지 않아도 살아가는 데 지장이 없는 한 독서율은 계속 하락 추세일 것이라는 사실이다. 독서율이 낮은 이유는 책보다 디지털기기에 의존하는 생활습관과 세대 간의 이해와 소통이 모자라는 등 복합적으로 작용한 결과라 할 수 있다. 문해력은 독서율과 상관관계에 있다. 독서율이 높은 사람일수록 문해력이 높다. 문해력을 키우기 위해 할 수 있는 가장 손쉬운 방법은 책을 읽는 것이다. 몸에 익숙한 습관처럼 자연스러운 결과물로 만들어야 한다.

독서율의 하락은 오늘내일 일이 아니다. 다만 심각하게 생각하지 않았거나, 사회적 문제라고 보지 않아 본질에 접근하지 못하고 있는 것 같다. 낭만적으로만 생각했던 책 읽는 풍경은 여전히 일부만 즐기는 특권이어야 하는 것일까? 특히 대도시보다 지방의 독서문화는 심각하다. 책방이 없는 곳도 있고 도서관이 있어도 이용하는 빈도가 높지 않다. 지방소멸 현상이 지속하다 보니 책 읽는 풍경은 찾아보기 어려울 정도로 희박해진 것 같다.

문화적 부익부 빈익빈 현상이 독서에서도 나타나는 것은 당연한 일이 되어 버렸다. 이런 양극화의 심화는 지방문화의 붕괴로 이어질 가능성이 크다. 결국, 삶의 질이 떨어질 수밖에 없다. 책 읽는 풍경을 찾아볼 수 없을 정도로 암담하다.

스웨덴, 덴마크, 핀란드는 OECD 국가 중 독서율이 높아 독서가 일상의 문화로 자리 잡은 나라다. 핀란드의 경우 어렸을 때부터 즐거운 독서체험을 많이 했기 때문에 독서율이 높다. 가정, 학교, 사회에서의 책 읽기부터 일상에서 독서 편의성 제공 등 독서가 생활화되다 보니 자연스러운 책 읽기가 문화로 자리 잡을 수 있었다.

독서란 책을 읽고 함께 이야기를 나누는 문화를 만드는 일이기도 하다. 함께 가치를 만드는 일이 독서의 가치다. 독서를 중요하게 생각하는 마음이 독서문화를 높이는 계기가 된다. 문화가 성숙한 나라가 삶의 질도 높아지고 인간다움의 품격도 향상된다.

19세기 영국의 예술가이자 사상가인 존 러스킨은 "진정한 부는 역량 있는 사람의 손에 들려진 가치"라고 말했다. 책을 읽으면 진정한 부가 내면에 쌓여 삶이 건강해진다. 부가 저절로 쌓이고 쌓여 한 나라의 독서 문화의 양극화를 바뀌어 놓는 놀라운 일이 벌어질 것이다.

다채로운 독서 경험이 필요하다

읽기의 최종 목적은 삶의 즐거움을 찾는 데 있을 것이다. 읽는 즐거움이 생각을 정리하고 다양한 시각에서 문제를 해결하는 능력을 만들어낸다. 독서가 주는 중요한 가치는 생각을 깊게 하고 인간다움을 키워내는 것이다.

독서의 근본 목적은 생각의 근육을 단련해 주는 것이다. 생각하는 힘은 우리의 생활에서 중요하다. 독서가 부족하다 보니 생각하는 힘이 짧고 깊이 사고하는 역량을 키우지 못하고 있다. 독자와 비독자의 차이점은 경험 여부의 차이에 있다. 독서하는 경험이 많을수록 책 읽는 자연스러움이 나타나게 된다.

대한민국에서 독서는 사회적 · 국가적으로도 중요하다고 할 수 있다. 그런데도 책을 잘 읽지 않는 건, 독서가 살아가는 데 큰 의미로 다가오지 않기 때문이다. 결국, 책 읽는 경험을 할 수 없으니 즐거움도 찾지 못했다. 하지만 나는 살면서 절실히 느꼈다. 어떤 문제에 부딪힐 때 단순한 결과보다는 그 과정을 살펴보며 깊이 있는 문제의식을 느끼고 실현하는 것이 더 나은 문제를 해결할 수 있다고. 그게 바로 책이 주는 위력이다.

스스로 책을 찾아 읽는 사람은 적은 것 같다. 누군가 책을 권해서 함께 읽자고 할 때만 읽는 문화가 자리 잡고 있으니 정부나 지자체, 학교 등 모든 곳에서 책으로 접근할 수 있도록 노력해야 한다. 그 역할을 공공도서관, 동네 책방, 정부 기관에서 적극적으로 했으면 좋겠다.

지역 특성과 수요에 맞춘 독서문화진흥 정책을 펼쳐 나아가는 것이 필요하다. 지역의 대표 축제와 크고 작은 문화 행사에서 독서로 연결하는 것도 중요한 방법이다. 독서를 많이 하는 시민에게 세대별로 독서 활동 인센티브를 주고 어디서나 사용할 수 있도록 하면 어떨까. 책을 읽는 시민은 문화생활의 경제적 혜택을 누릴 수 있고 더 나아가 출판과 책방, 서점의 매출 증대로 이어지는 효과도 있다.

기술적으로 발달한 대한민국은, 지금부터 인문학적 독서문화가 성숙하는 문화정책으로 바꿔야 한다. 도시와 지방의 독서문화 차이를 극복하고 독서 경험을 많이 할 수 있도록 독서환경을 개선하고 나아가 함께 책을 읽고 독서 포인트를 모으는 지혜를 만들어갔으면 좋겠다. 독서 열풍은 바란다고 해서 한순간에 찾아오지는 않을 테니까.

'힙'한 독서

미디어와 영상 콘텐츠에 익숙한 요즘 어린이, 청소년들의 문해력과 언어능력이 현저히 떨어지고 있다. 문제의 시작은 책을 읽지 않는다는 것. 사실 이보다 심각한 것은 책보다 온라인 동영상이나 미디어에 익숙하다 보니 책에 접근하지 못하고 있는 것이다. 문해력이 중요한 이유는 단순히 텍스트를 읽고 이해하는 것뿐만 아니라 글의 의미가 왜 타당한지를 스스로 분석하고 파악하고 판단하기 때문이다. 그렇다면 꼭 문해력이 떨어진다고 수능을 못 보고 타인과의 대화, 삶을 살아가는 데 지장을 줄까. 반드시 그렇지만은 않다.

살아가는 데 필요한 기본적인 것. 우리가 왜 살아가고 질문을 던져야 하는지, 자유를 누려야 하는지를 스스로 알아가는 것이 더 중요하기 때문이다.

성인 독서율은 감소하고 있음에도, 아이러니하게도 올해 기준 20대

(19~29세)는 74.5%로 가장 높은 독서율을 보였다. 이들의 독서 유행은 독서는 '뭔가 있어 보이는' [2]추구미 즉 이미지를 주고 그들은 그 이미지를 갖고 싶어 책을 이용하는 것으로 추측한다. 독서가 단순히 책을 읽는다는 개념에서 벗어나 새로운 의미로 확장되는 시대로 접어들고 있다는 것. 유행하는 독서는 또 다른 독서문화로 가는 연결고리라 생각한다. 소수만 즐기는 독서문화가 이른바 '힙'한 독서 행위로 유행하고 있다. 〈버블검〉 뮤직비디오에서 잠옷 차림으로 책을 읽는 뉴진스 멤버 민지. 손에 든 고전 문학 이디스 워튼의 『순수의 시대』를 읽고 있는 이 영상이 공개된 직후 책 판매량이 8배 뛰었다. 걸그룹 아이브의 멤버 장원영이 유튜브에서 강용수의 『마흔에 읽는 쇼펜하우어』 책을 소개한 이후 해당 도서 판매량이 교보문고에서 전월 대비 2배 이상 증가했다. 이외 고전 철학서 페르난두 페소아의 『불안의 서』는 배우 한소희가 추천하면서 품귀 현상을 불러왔고, BTS RM이 읽은 책으로 입소문을 탄 조용훈 교수의 『요절』은 18년 만에 재출간되어 베스트셀러에 올랐다.

역대 최대 인파를 기록한 올해 서울국제도서전엔 관람객 70% 이상이 2~30대로, 왜 젊은 세대들은 이토록 '책'에 열광할까.

조용히 향유하던 독서가 자랑하고 공유하는 지적 허영으로 넘어가고

2 추구미란 '추구'와 '아름다울 미(美)'라는 단어가 합쳐진 신조어다. 패션이나 뷰티, 독서, 라이프 스타일뿐 아니라 특정 인물, 성격, 분위기까지 광범위한 분야에서 개인의 취향을 빗댄 말로 쓰인다.

있다는 것이 옳은 것인지, 나쁜 것인지 불편함이 잠재되어 있음에 조심스럽다. 활자 '텍스트'와 '멋지다'라는 뜻의 '힙'을 합한 신조어, '텍스트힙'. 독서라는 자체로 보면 고리타분할 수 있지만, 소수만 읽는 행위는 어쩌면 멋지고 힙한 행위일지도 모른다.

단순히 유행하는 읽는 행위를 이해하지 못하지만, 때론 시대에 변하여 독서의 관점을 달리할 수 있다. 유익하고 즐거운 독서는 우리가 추구하는 목표가 아니던가.

볼거리가 넘쳐나는 유혹의 시대에 책이 가진 영역은 우리가 바라보는 이미지보다 연결하는 값어치는 훨씬 크다고 할 수 있다. 책도 놀이처럼 즐기는 젊은 세대들에겐 자신들만의 방식으로 독서행위를 만들어가는 것도 꽤 나쁘지는 않다.

내면을 키우는 독서력

문화사학자 요한 하위징아의 "문명은 놀이라는 틈바구니의 시간에서 발전했다."라는 말의 권위를 인용하지 않더라도 우리 모두 목적 없이 즐기는 독서의 힘이 얼마나 큰지 알고 있다. 독서를 가장 재밌고 힙한 것으로 만들어버린 MZ 세대의 등장을 통해 새로운 독서문화로 바뀔 수 있을지 지켜봐야 한다.

'있어빌리티'란 '있어 보인다'와 'Ability(능력)'를 합친 것으로, 국어사전에도 등록된 신조어다. 실상보다 있어 보이게끔 잘 포장하는 능력을 말한다. 보여주기식 독서가 자칫 [3]플렉스를 통해 과시적 성취감을 얻는 독서로 활용되지 않도록 내면이 강한 독서 능력을 길러내야 한다. 강한 내면을 기르면 마음의 근육이 생겨 우리 모두를 이롭게 한다. 과용하는 독서는 백익무해(百益無害)다. 이롭기만 하고 해로울 것이 없다는 의미다.

독서라는 행위가 다양하게 펼쳐진다는 것은 시대별, 세대별로 독서를 바라보는 관점은 달라도 그 가치는 살아있음을 시사한다. 독서를 통한 새로운 추구미(추구+미(美))는 자기만의 독서 취향이 확고하고 힙한 사람이다. 읽는 행위를 즐길 줄 알고 힙한 개인적 독서가 사회적 독서로 넘어가는 것도 나쁘지는 않을 것이다. 독서율을 올리는 방법보다는 한 명이라도 책을 읽는 즐거움을 알아가는 것이 중요할지도 모른다. 젊은 세대가 추구하는 독서 추구미에 한 발 더 나아가 내면의 능력이 강한 독서미로 누구나 독서를 즐기는 사회적 독서문화가 정착되었으면 좋겠다.

한강이 강조한 "문학이란 끊임없이 타인의 내면으로 들어가고, 또 그러는 과정에서 자신의 내면 깊게 파고 들어가는 행위이며 그런 행위들을 반복하면서 내적인 힘이 생기게 된다."라는 말처럼 말이다.

3 플렉스(FLEX)는 재력이나 귀중품 등을 과시하는 행위를 이르는 신조어로, 90년대 힙합 문화에서 래퍼들이 재력이나 명품 등을 과시하는 모습을 이르던 것에서 유래되었다.

읽는 즐거움의 나비효과

6월 26일~6월 30일까지 5일 동안 대한출판문화협회 주최로 열린 2024년 서울국제도서전에 약 15만 명의 관람객이 유료로 입장했다. 지난해보다 2만 명가량 증가한 숫자다. 폐막하였지만 여전히 화제인 것은 도서전을 찾은 관람객의 70~80%가 2030 세대라는 점이다. '2023 국민 독서 실태조사'에서 집계된 성인의 독서율 43%에 비해 놀라운 비율이다.

책 생태계 관계자의 지속가능성의 효과인지, 반짝 이벤트의 효과인지 몰라도 책에 관심을 두는 자체에 고무적이다.

다양한 플랫폼에서 정보가 쏟아지는 디지털 환경에서 텍스트보다 영상이 익숙한 MZ 세대에게 읽는다는 의미가 변화하고 있다. 요즘 독자의 흐름을 잘 파악하는 것도 읽기의 중요한 사항이다. 북톡(BookTok), 북클럽, 인용 챌린지, 책스타그램과 북스타그램 등 새로운 독서 트렌드가 소셜미디어를 통해 소위 '독서가 힙하다.'라는 메시지를 전달하고 있어 다양한 연령층의 관심 대상이 되고 있다.

'벽돌 책 10분 안에 끝내기' 유튜브 영상처럼 읽기가 단순히 짧은 영상만으로 끝나거나, 자기 과시를 위한 소셜미디어의 도구와 인테리어 장식 혹은 읽지 않고 굿즈로만 이용된다면 슬픈 일이다. 소셜미디어에서 구독과 좋아요, 댓글이 연대와 소통의 행위라고 말하지만, 읽기의 수단이 될 뿐 목적이 될 수 없는 한계가 있다.

그렇다면 제대로 읽고 표현하고 이해하는 법을 교육하는 디지털 시대에 맞는 리터러시의 강화가 중요해진 시점이다. 단순히 책의 관점에서 벗어나 책을 읽고 다양하게 표현하는 시대로 변해가는 것은 읽기의 기쁨이다. 읽는다는 것은 책을 그냥 받아들이지 않고 즐기며 자신을 표현하는 행위다. 새로운 환경에게 책을 읽는다는 것은 미래의 중요한 책에 대한 예의다. 그 예의를 지켜야 할 의무가 독자에게 있다.

한병철의 『사물의 소멸』에서 디지털 시대의 인간은 사물의 시대에서 '반사물'의 시대로 넘어가고 있다고 했다. 우리는 사물의 시대에서 반사물인 정보의 시대로 넘어가는 과도기에 있다. 사물에서 반사물을 향해 가는 과정에서 디지털 기계에 의존하게 된다.

정보의 시대로 넘어가는 시점에서 생각할 거리가 많아졌다. 독서는 정보의 시대에 어떤 방식으로 독자에게 접근해야 할까? 정보가 가진 다양성을 적용할 필요성을 느낀다. MBTI 성향의 독서 추천, 짧은 쇼츠의 책 속 구절, 책 소개 온라인 서비스 등 다양한 독서 방향의 흐름으로 바꿔가야 한다.

간헐적 독자에서 성숙한 독자로

독서는 하고자 하는 의욕만 있다면 어렵지 않다. 글자를 익힌 사람이라면 누구나 할 수 있는 행위다. 요즘처럼 모든 것이 빠르게 흘러가는 시대에 읽는 행위는 특별하다. 독서를 하면 찾고자 하는 답을 찾을 수 있을까? 읽는 과정을 습관처럼 만들어가다 보면 독서는 쉽게 체득화된다. 그 과정에서 책을 읽는 즐거움을 누릴 수 있다.

비독자나 간헐적 독자라도 책을 읽는 마음만 있다면 언제든 애독자로 거듭날 것이다. 꾸준히 책을 읽는 독자도 방법과 태도를 점검하며 성숙한 독자가 되기 위해 노력해야 하는 것은 당연하다. 천천히 읽고 깊이 사유하는 과정이 성숙하였다면 읽기의 즐거움은 배가 된다.

책은 여전히 읽고 사고하는 소임을 수행한다. 정보의 시대에 우리가 읽는 행위에 집중해야 하는 것은 가치 있는 삶을 살기 위해서다. 정보화 시대일수록 독서가 필요한 이유는 "사람들은 생각을 성과로 만들어가는 과정에서 지식뿐만 아니라 지혜를 구하기 때문"이다. 독서는 갈수록 필수적인 도구이며, 스스로 준비해야 할 자산이다.

독서를 하면서 느낀 것은 독서란 나를 발견하고 깨닫고 경험의 생각 근육을 만들어가는 오랜 시간 속에 내공을 키워왔다는 의미가 내포된다는 것이다.

"독서는 고독 속의 대화가 만들어내는 유익한 기적"이라고 말한 마르셀 프루스트는 우리 뇌는 겉으로 조용할 뿐 매우 분주하게 움직인다고 말했다. 흥미로운 뇌는 다양한 인지적 자극을 통해 나 자신의 총체적 능력을 끌어낸다. 흥미로운 독서는 우리의 뇌를 즐겁고 풍요롭게 만들어주는 중요한 활동이다. 특히 미래에 읽는 행위가 다양화될수록 우리의 장래는 밝다.

고등학교 1학년 권상우 학생이 쓴 『상우일기』에서 "내가 생각하는 공부의 참다운 의미는 사람이 태어나서 계속 새로운 것을 알아가고 기뻐하고 그것을 활용하여 즐겁게 쓰는 것이다."라고 했다. 독서도 그런 의미에서 일맥상통한다. 책도 읽으면 읽을수록 새로운 가치를 알아가는데 선한 영향력을 줄 뿐만 아니라 즐겁게 활용하여 우리를 성장시킬 수밖에 없다. 책을 읽고 즐겁게 쓰고 활용한 사람이 진정한 독자로 성장할 가능성이 크다. 읽고 쓰고 선한 영향력을 베풀어주는 책. 이를 읽는 즐거움을 가진 독자로 오늘을 살아가자. 읽는 즐거움은 선한 나비효과를 불러일으킨다.

읽는 독자의 태도

나는 어린이, 교사와 함께 책 모임을 5년째 꾸준히 열어가고 있다. 주제는 로맨스부터 SF, 역사, 일상, 고전, 역사까지. 한 권의 책을 선정하고 읽고 나누는 일련의 과정이 그 어떤 모임보다 가치가 있는 것은 다양한 삶의 이야기와 경험들이 뿌리처럼 단단하게 엮여간다는 점이었다. 다양한 주제가 만들어낸 독서의 능동적인 움직임 속에서 질문의 크기가 확장되는 것에 우리는 스스로 물음을 열고 느끼고 공감하는 시간을 채웠다. 이 긍정적인 결과로 모임에 참여한 한 학생은 뚜렷하게 자기주장이 늘었고 어떤 여교사는 책 속의 밑줄을 긋고 보물을 찾아 헤매는 시간이 많아졌다고 했다.

책 모임의 중요성이 보여주듯 개인의 독서가 집단으로 가는 길목이다. 책은 어쩌면 우리 일상에 작은 물방울들이 모여 큰 물줄기를 만드는 마중물임이 틀림없다. 이 중요한 독서가, 21세기 인공지능, 디지털, 챗GPT

시대에 가장 인간다움의 가치를 펼칠 수 있는 독서가 도외시 되고 저평가되지 말아야 한다. 그렇다면 현재 상황에서 독서를 어떤 방향으로 끌고 갈 것인지 지혜롭게 고민하고 실천하는 자세를 가져야 한다. 단단하게 질문하고 답을 찾아가는 과정, 함께 읽고 토론하고 공감하는 과정, 다양한 글과 책을 읽고 서로 이해하고 깨우치는 과정이 우리가 준비해야 하는 시대적 사고이며, 어떠한 습관보다는 책 읽는 자세가 중요하다.

노벨 문학상 수상 국가라지만 독서의 수치로 봤을 때는 초라하다. 연간 성인 종합독서량 3.9권으로 세계 최하위 수준 166위이다. OECD 회원국 월평균 4.6권에 못 미치는 0.8권의 한국 성인 월평균 독서량에서 한강 작가의 노벨상 수상은 그저 기적이라고 할 수 있다.

스웨덴 스톡홀름에서 가진 기자회견에서 한강 작가는 '제2의 한강'을 배출하기 위해선 "어릴 때부터 최소한 문학작품 서너 권을 학교에서 읽고 토론하며 문학작품 읽는 근육을 기르고, 흥미롭게 읽는 것을 재미있어하는 독자들이 많이 나와야 한다."라고 말했다.

'좋은 책은 우리를 불편하게 한다.'라는 말이 있듯이 한강 작가도 마찬가지였을 것이다. 꿈틀거리는 독자의 시선이 만들어낸 불편함과 끊임없이 내면에서 질문하고 고민하는 삶이 지금의 결과를 만들어내지 않았을까?

"인간은 인간에게 이런 행동을 하는가?", "과거가 현재를 도울 수 있는가?", "죽은 자가 산 자를 구할 수 있는가?"라는 한강 작가의 질문에는 인간을 이해하는 시선이 고스란히 담겨 작품으로 녹아드는 결과를 낳았다.

흥미롭고 좋은 책을 온전히 읽고 성장하는 진정한 독자가 있어야 하며, 그 독자가 있어 작가는 작가로서의 가치가 빛날 것이다. 어릴 때부터 책이 던지는 질문들을 톺아보는 자세를 가질 수 있도록 습관의 중요성을 길러내야 한다. 노벨 문학상이 목표가 아니더라도 책을 제대로 읽고 다루는 독자가 노벨 문학상보다 더 중요한 가치가 될 것이라고 자부한다. 또한, 스스로 읽고 이해하고 비판적으로 판단해 활용하는 능력인 문해력을 길러 디지털 시대에 독자가 갖추어야 할 역할을 우리가 모두 고민하고 실현 가능성이 있게 교육 현장으로 옮겨야 한다.

『독서의 태도』를 쓴 데이먼 영은 "책을 읽는다는 것은 우리가 세상을 이해하고, 자신의 한계를 넘어서며, 자신을 탐구할 수 있게 해주는 중요한 과정"이라고 말했다. 읽는 태도가 읽는 독자의 방향을 바꾸는 기본적인 독서환경이 무엇보다 중요한 시점에 와 있다.

chapter 2

독서가 필요하지 않은 삶은 없다

비교할 수 없는 독서라는 무기

나는 일상이 매일 반복될 때 삶이 불편해졌다. 또렷했던 문장과 언어가 흐릿해지기 시작했다. 나이가 들수록 책 읽는 양과 장르도 고집스럽게 변함이 없다. 좋든 나쁘든 간에 책을 읽는 것을 포기할 수는 없었다. 책 읽지 않는 삶이라는 건 있을 수 없으니까. 유일한 탈출구인 책과 함께 벗할 수 있어 좋았다. 책은 남에게 휘둘리지 않음과 동시에 생각을 바꾸게 했다. 그때의 실천이 지금의 나를 변화시켰다.

여행을 갈 때, 출근할 때, 때론 등산하러 갈 때도 나는 늘 책 한두 권을 챙겼다. 책이 없다면 불안한 마음이 남아 있었다. 왠지 모를 불안했던 시간에 가슴에 와닿는 문장을 만난다면 그 얼마나 행복한 일인가. 그렇게 일 년에 백여 권 이상의 책을 읽어왔었다. 독서 후에는 밑줄 그은 좋은 문장을 찾아 필사했다. 개인 SNS에 서평을 올렸다. 이런 루틴을 지속할수록 나의 책 읽는 일상이 기대 이상으로 좋았다. 일련의 자기 평가이자, 나를 들여다보는 만족감의 실현이라 할까.

독서를 생활화하면서 좋았던 것은 대화나 질문을 할 때 심오한 말들이 단순히 흘러나오는 것이 아니라 자연스럽게 만들어진다는 것이다. 말과 글에 자기만의 언어가 있겠지만 많은 양의 독서를 하고 나면 글의 언어로 연결되는 힘을 느낀다. 그 짜릿한 전율과 감미로운 감촉을 오래 남길 수 있다.

철학자의 사상과 사유의 깊이, 과학자가 전하는 물성의 힘, 고도의 정치를 말한 정치학자, 문학자, 역사학자, 예술가 등 그들이 전하는 문장의 깊이는 나를 짓눌렀다. 유레카 같은 새로운 세계를 발견해 주었다. 나는 잔잔한 일상에 잔물결을 일으키며 고퀄리티한 삶을 선사하는 독서를 스승으로 섬겼다. 인생의 한 줄기 에너지 같은 것이 독서임이 틀림없었다.

『오래된 습관』을 쓴 이심지 작가는 "어떤 독서는 타인을 힘껏 껴안는 서투른 포옹 같은 것"이라고 했다. 작가의 말처럼 어떤 독자에게는 의문의 감정들이 서투른 포옹처럼 와닿을 수 있다.

독서는 정답을 가르쳐주는 것이 아니라 나다운 나를 알려주었고 의문을 쉴 새 없이 던졌다. 위로를 해주었고 삶을 사랑하는 법을 알려주기도 했다. 책 읽는 방법이 다르다 보니 받아들이는 방법 또한 달리 보아야 한다. 책을 많이 읽는 것도 중요하고 다양한 책도 읽는 것도 중요하다.

무엇보다 한 권의 책을 오롯이 흡수하고 그 안에 스며들어 가야 한다.

치명적인 열정을 가진 노벨 문학상 수상 작가 아니 에르노처럼 자기 자신에 대한 충실한 삶이 돋보이는 것도 필요했다. 책은 그런 충실한 삶을 가장 잘 드러낸다. 도파민 중독에서 벗어날 수 있는 것 중 하나가 책이다. 책에서 찾을 수 있는 카타르시스가 우리에겐 필요하다.

미국의 기업가 샌드버그는 "우리는 모르는 것을 바꿀 수 없다. 그러나 일단 뭔가를 알게 됐다면 그것을 바꾸지 않을 수 없다."라고 말했다. 독서가 좋은 예다. 나를 성장시키는 독서를 잘 알고 있어도 그를 통해 무조건 바꿀 수 있는 자세도 필요하다. 내면의 성장을 넘어 경제적 부까지 이루어 줄 독서를 우리는 깨닫고 행동에 옮겨야 할 때이다. 독서로부터 삶의 변화가 시작된다고 해도 무방하다. 어떻게 변화될지는 누구도 알 수 없다. 분명한 것은 독서는 절대로 당신을 배신하지 않는다는 것이다.

나만의 무기를 장착하라

독서 전문가인 사이토 다카시는 책 읽기의 중요성에 대해 이렇게 말한다. 첫째, 독서를 통해 세상을 이해하는 유연성과 살면서 후회 없는 결정을 내리는 힘을 기를 수 있다고 말한다. 둘째, 여러 가지 간접적 경험을 할 수 있다고 조언한다. 셋째, 스마트폰으로 수많은 정보를 접하는 것보다 더 확실하고 오래 기억할 수 있기 때문이다. 독서는 그 무엇과도 비교될 수 있는 무기를 가지고 있다.

책은 하나의 무기이다. 무기를 장착하기 위해서는 책의 핵심적인 내용을 파악하고 이용할 줄 알아야 한다. 저자가 하고자 하는 말과 뜻을 이해하고 생활에 적용하여 실천에 옮겨야 한다. 필사와 밑줄 긋기, 메모, 서평, 리뷰, 토론, 글쓰기 등 아웃풋을 활용하는 것도 매우 중요하다.

책이 가진 무기는 어마어마한 힘을 가지고 있다. 세상을 한눈에 볼 수 있고 신세계로 갈 수 있다. 시공간이 변화하는 마법의 힘이 존재한다. 우리에게 주어진 사명은 책을 잘 이용할 줄 아는 것이다. 탁월한 삶을 살기 위해서는 책이 주는 나만의 무기가 장착되어야 한다. 그 무기는 자신만의 콘텐츠가 될 수 있다. 나만의 콘텐츠는 삶의 경쟁력이 된다. 개그맨 출신 고명환 작가는 독서라는 무기를 통해 인생이 바뀐 인물이다. 그는 교통사고로 인한 죽음의 위기를 겪은 뒤 책을 읽으며 삶의 태도를 바꾸어 작가, 요식업 사업가 등으로 성공했다. 2024년 교보문고 출판어워즈에서 한강 작가와 함께 '올해의 작가'로 선정되는 영예를 안았다. 독서라는 무기가 한 사람의 인생을 변화시켰고 최고의 작가로 만들어냈다.

후지하라 가즈히로는 『책을 읽는 사람만이 손에 넣는 것』에서 "21세기에는 책을 읽는 사람과 읽지 않는 사람으로 양분되는 계층사회가 생겨

날 것이다."라고 했다. 양분되는 계층사회가 생길 것이라는 말이 위협적으로 다가온다. 독서를 하지 않고서는 우리 삶의 질은 달라질 수 없다고 경고하는 말로 들린다. 독서는 그 어떤 위협적인 무기보다 강력한 무기이기 때문에 후지하라 가즈히로의 문장을 되새겨 볼 만하다. 불확실한 시대에는 결국 독서가 최고의 무기다.

독서를 이기는 건 없다

최근 들어 책을 읽지 않는 시대에 책의 소외는 갈수록 심각한 수준에 이르게 되었다. 학생들의 문해력은 떨어지고 어휘를 이해하는 수준에서 차이가 난다. 텍스트가 원하지 않는 관점으로 흘러간다. 시공간을 초월하는 전자책과 오디오북, 유튜브 등 디지털 관련 도서의 활용도가 앞으로 더 증가할지도 의문이 든다. 책이 중요한 시대는 올까.

갈수록 변해가는 불확실성의 시대에 한 독자라도 놓칠 수 없다. 구석구석 책의 공간에서 책 모임을 하는 직장인 등의 개인 독자부터 다양한 독서 생활에 모범을 보여준다는 사실에 기대가 클 수밖에 없다. 시골의 아주 작은 곳까지 책 읽는 독자를 발견하고 격려해 주는 따뜻한 사회가 되었으면 좋겠다. '2023년 사회조사 결과'에 따르면 45.6%였던 2021년도의 연간 독서율에 비해 2023년에는 48.5%를 기록했다. 매년 하락세가 멈추지 않던 우리 국민의 연간 독서율이 2년 전보다 2.9% 포인트가 오른 것이다.

10대는 0.8% 포인트, 20대는 1.1% 포인트 증가에 그쳤지만, 50대는 5.0% 포인트 증가하고 60대 이상은 4.6% 포인트 증가했다. 통계조사 결과 세대별 독서율이 조금씩 증가하여 희망이 보인다.

전 세대별 독서성향과 방법으로 세밀하게 접근하는 방식이 중요하다. 독서는 잘 읽는 것만이 중요한 것이 아니다. 한 독자라도 독서성향을 잘 파악하고 독서상담을 통해 일련의 생애주기별 독서 일정을 관리하는 사회적 인프라가 형성되어야 한다.

과거에는 독서가 한 나라의 미래를 결정짓기도 했고 한 나라를 문화강국으로 우뚝 솟게 만들 때도 있었다. 한 권의 책이 위대한 사람을 만들었다. 거장들은 책에서 자극, 힘, 영감을 얻었다고 한다. 독서의 위력은 핵폭탄보다 강력하다.

많은 독서가가 책의 중요성에 대해 말했고 전파했다. 독서를 홀대하고 평가절하하는 것만 보아도 그 나라 국민의 의식 수준을 짐작할 수 있을 것이다.

독서환경의 빠른 적응과 비독자의 독서 접근 방식의 다양화, 전 국민의 독서 포인트(마일리지) 제공을 목표로 국가적 인프라 제공은 물론 독서의식의 변화에 앞서 태어날 때부터 책을 읽는 마음을 느낄 수 있도록 해야 한다.

일상에서 책에 쉽게 접근할 수 있는 방안을 지속하여야 한다. 책 읽을 시간과 책 모임을 지원해 주고 책과 소통하는 환경을 만들어주는 것이 매우 중요한 일이다.

사람이 많은 백화점, 문화센터, 아울렛, 놀이터, 공원, 음식점, 카페, 산과 바다, 박물관 등 공간 공간마다 책을 볼 수 있도록 '책 쉼터'를 제공한다. 책 쉼터를 자율적으로 관리하고 이용할 수 있도록 하여 모두가 책 봉사자로 만든다.

운명이 바뀔 책

독서는 한 사람의 인생을 바꿀 만한 힘을 가지고 있다. 독서를 통해 새로운 세계를 만나고, 독서를 통해 새로운 삶을 살아간다. "독서를 이기는 건 없다." 90세를 넘긴 워런 버핏의 말이다. '위대한 독서의 힘'을 지금부터라도 차근차근 미래의 초석으로 만들어가야 한다.

"이 세상에 값싸고 좋은 건 없다고 하는데, 그렇지 않다. 있다. 바로 책이다. 책에는 삼라만상이 들어 있다. 책은 반드시 봐야 한다." 웰스 리포트에 실린 70대 여성 기업인이 한 말이다.

세계의 최고 부자들은 독서광이었다. 워런 버핏과 빌 게이츠, 록펠러, 카네기, 일론 머스크, 마크 저커버그, 제프 베이조스 등 엄청난 부를 이

뤄 세계인의 부러움을 사는 이들은 모두 독서광이다. 인공지능 시대가 아무리 발달을 해도 독서를 하지 않으면 더 이상의 발전은 없다. 책에서 얻는 다양한 지식과 경험, 창의력, 문제 해결 능력, 인간관계 능력 등은 기계가 인간만큼 할 수 없다는 것이다. 우리 인간이 깨우쳐야 할 최고의 덕목은 독서에 있다. 독서가 없다면 우리가 누릴 자유를 대처할 수 없음을 잊어서는 안 될 것이다.

미국 네브래스카 주립대에 방문한 빌 게이츠는 한 학생에게 "한 가지 초능력을 얻을 수 있다면 어떤 것을 원하며 이유는 무엇인가?"라는 질문을 받았다. 그는 "책을 아주 빨리 읽는 능력을 원한다(Read books super fast)." 라고 답했다. 답변도 좋았지만, 질문은 더 좋았다. 답변을 경청한 학생들의 반응이 궁금해진다. 책을 읽으면 인생이 바뀌고 운명이 바뀐다.

책보다 뛰어난 값어치는 없다. 부자들도 책을 읽고 습관을 들여 새로운 생각들을 활용하는 데 노력하고 있다. 책은 인류에게 가장 위대한 삶을 전달했고 풍요롭게 만들었다. 풍요롭게 만든 인간의 도구인 책을 최대한 활용하는 것이 우리의 의무다. 왜냐하면, 디지털 시대에 인간이 인공지능에 지배되지 않으려면 창의적으로 생각하고 기발하게 질문하는 능력을 길러내야 하기 때문이다. 인공기능은 독서를 이길 수 없다.

읽기는 배신하지 않는다

남해의 작은 마을에 들러 북스테이를 했던 적이 있었다. 조용한 곳에서 고요한 풍경을 벗 삼아 읽는 책은 그림을 그려낼 듯한 인상을 남겼다. 책이 있는 공간에서 문장을 엮어간다는 것이 그 무엇보다도 새로웠다. 문장 하나에 의미를 더하니 가슴 뛰는 그 무엇과도 바꿀 수 없었다. 책을 다시금 엮어내는 되새김의 시간이었다. 북스테이의 주인장이 추천한 책과 그 속에서 읽어 내려간 책의 글귀들을 또렷하게 품었다. 혹시 지금 책 읽는 시간이 필요하다면 북스테이를 추천해 드린다.

세상에 쓸모없는 책이 없듯이 읽는 행위는 그 얼마나 위대할까. 우리의 인생을 송두리째 바꾸어 놓을 위대한 한 줄을 만나지 못했기 때문에 우리는 읽는 것일까.

읽지 않는 시대에 살면서 책은 우리 삶에서 특별해졌다. 책이 다가올 때, 멀어질 때가 있지만 지극히 자연스러운 일이다. 하지만 오늘날 우리는 책을 옆구리에 끼고 방황해야 한다. 책에서 배우는 것은 타인을 이해할 수 있는 교양이 되므로 살아가는 태도와 역량을 키운다. 나는 한 권의 책을 통해 수많은 문장을 곱씹고 질문하고 의문점을 찾아내는 능력을 쌓았다. 쌓인 것들은 독서에서 터닝포인트가 되었고 저자라는 타이틀을 만들어냈다. 축적된 시간만큼 독서는 나를 배신하지 않았다.

고도원 작가는 "인생을 바꾸는 터닝포인트는 작은 변화에서 비롯된다. 별것 아닌 움직임이라도 꾸준히 이어간다면 내 삶을 바꾸는 동력으로 작용할 것"이라고 했다.

배신하지 않는 독서로 인생을 역전했다는 사례도 많았다. 독서 경영 컨설팅 CEO이자 베스트셀러 저자인 유근용 작가는 불우한 유년 시절을 보내고 청소년 시절 가출과 비행을 저지르기도 했지만, 군 생활 중 접하게 된 최초의 책을 통해 인생 역전을 이뤘다. 『꿈꾸는 다락방』을 쓴 이지성 작가는 인세만 40억 원을 받았다고 알려져 독서와 글쓰기로 바라던 꿈을 이뤘다. 독서가들의 성공은 헛된 망상이 아니다. 책은 그 무엇보다 많이 깨우침을 준다. 배움 받을 자세가 되어야 하는 것이 독자다. 결과적으로 책을 바라보는 기본적인 의식과 자세를 갖추기만 해도 독서는 절대 배신하지 않을 것이다. 하지만 스스로 노력하지 않는다면 배신할 수도 있다. 너무 실망할 필요는 없다. 우리의 인생이 그러하듯이 끈기와 노력 없이는 성공을 맛볼 수 없다.

독서는 자존감의 충전이다

니콜라스 카는 『생각하지 않는 사람들』에서 사람들이 인터넷 검색에 익숙해지며, 긴 글을 읽는 능력을 잃어버렸다고 말했다. 통섭의 능력을 갖춘 사람들이라야 인터넷상의 여러 정보를 소화할 수 있겠지만, 깊이 있는 지식을 접하기엔 아직 책만 한 게 없다고 생각했다. 깊이 있는 지식을 찾기 위해선 부단한 노력이 필요하다.

크고 작은 실패로 자신감을 잃고 방황하고 있다면, 자존감이 떨어지고 삶의 회의감이 든다면 지금 당장 책을 읽으라고 하고 싶다. 독서는 나를 다독이고 위로하며, 누구도 함부로 할 수 없는 당당한 자존감을 심어준다. 한 권을 흥미롭게 읽어야 백 권을 거뜬히 읽을 수 있으므로 독서의 위력은 그때 발휘되고 자존감도 향상되는 기분을 만끽할 수 있다.

일본 최고의 교육심리학자이자 메이지대 인기 교수로 손꼽히는 사이토 다카시의 젊은 시절은 어두웠다. 막막한 미래 앞에서 방황해야 했던 평범한 대학원생이었다. 나이는 서른이 넘었지만 매달 생활비를 걱정해야 했다. 몇 년간 힘들게 완성한 논문도 인정받지 못했다.

그런 그에게 유일한 돌파구는 '독서'였다. 매일 책 읽는 습관은 생각의 지평을 넓혔고 지혜를 쌓게 했다. 무슨 일이든 자신 있게 해낼 수 있는 토대를 마련해 줬다.

『독서는 절대 나를 배신하지 않는다』에서 “책을 읽는 한 좌절하거나 실패할 일은 없다.”라는 말을 남긴 사이토 다카시는 책을 읽고 나면 책을 읽는 사람만이 자신의 인생을 바꿀 수 있다는 확신을 가질 수 있다고 독자들에게 충고했다. 충고를 받아들이는 독자가 진정 독서의 의미를 깨우치고 배신하지 않음을 배우게 될 것이다. 성인 43%가 1년에 한 권을 안 읽는 시대에 여전히 우리가 ‘책’을 읽어야 할 이유다.

읽기는 힘이 세다

산책하는 곳에 도서관이 있으면 들렀다. 조용한 도서관 자료실에 책들이 나를 애절하게 바라보는 것만 같았다. 한 번은 이런 생각이 들었다. 백화점에 있는 명품관처럼 도서관의 책들도 명품이라면 이용자는 어떤 반응일까? 도서관에 온 이용자는 먼저 눈을 의심할 것이다. 또 한 가지는 명품 책을 대출하는 진풍경이 펼쳐질지도 모른다.

우리는 눈으로 보는 겉모습의 아름다움에만 현혹되는 게 아닌지 의문이 든다. 사람도 책도 겉과 속이 알차야 한다. 명품 같은 책은 이미 읽었는지 알 수 없다. 많은 시간과 노력에 따라 책이 가진 우월함을 알 수 있으니 말이다. 책들이 사는 도서관은 규칙이 있고 질서가 있다. 책과 인간의 세계는 비슷하지만, 책은 누릴수록 그 효과는 배가 된다는 의미에서 명품임이 틀림없다.

책에는 빛난 보석이 숨겨져 있음을 알아야 한다. 어려웠던 시절에도 책에서 희망의 문장을 읽어왔다. 책은 역사의 흐름을 담아냈고, 사랑을 노래했고 역사와 예술을 품었다. 계엄을 통해 민주주의를 생각했고, 과학의 실제를 경험했고 철학을 사고할 때도 있었다. 책이 없었다면 위대한 철학자나 사상가, 정치가를 만나지 못했을 것이다. 고전 중 사뮈엘 베케트의 『고도를 기다리며』을 읽고 '고도는 누구인가?'라는 질문을 통해 오래도록 사유할 수 있을까. 도스토옙스키의 『카라마조프가의 형제들』에서 '과연 신은 존재하는가?'라는 깊은 철학적 사고로 인도한다.

스티븐 레비츠키와 대니얼 지블랫이 쓴 『어떻게 민주주의는 무너지는가』를 읽고 계엄은 고도의 정치 행위인가, 아닌가를 고민할 수 있다. 대런 애쓰모글루와 제임스 A. 로빈슨의 『국가는 왜 실패하는가』에선 대한민국의 정치제도는 착취구조인가, 포용구조인가 등 많은 의문을 던질 수밖에 없다.

책이 홀대받는 시절은 지나왔지만, 현재는 책을 필요로 하지 않는 시대가 도래했다. 책을 읽지 않을 이유가 있는 것이 아니다. 한 줄에 파고든 파문의 힘을 알지 못하는 것도 아니다. 단지, 무료하게 달래줄 오락거리가 되지 못했다. 시간이 부족하거나 다양한 콘텐츠 유혹에 책을 읽지 못하는 경우가 많았다. 시대와 세대, 시간의 흐름에서 책은 단지 역할에 충실했을 뿐인데.

그럼에도 불구하고 독서가 필요한 이유는 책 속에서만 얻을 수 있는 엄청난 위력을 발휘할 수 있는 데 있다. 일론 머스크, 스티브 잡스, 세종대왕, 다산 정약용, 에디슨 등 무수한 인물들은 독서로 한 나라를, 인류를 바꿀 엄청난 생각과 발명을 해냈다. '한 도시 한 책 읽기' 운동도 있다. 1998년 시애틀 공공도서관 사서였던 낸시 펄의 제안으로 시작된 이 운동은 하퍼 리가 지은『앵무새 죽이기』를 읽고 토론하여 미국 전역에서 큰 성공을 거두었고, 우리나라에도 여러 도시에서 시행하고 있어 독서에 관한 관심과 흥미를 불러일으켰다. 다양한 계층의 사람들이 함께 공감하고 화합하여 지역사회의 통합을 만들어냈다.

독서의 파급효과는 한 나라에서 도시, 개개인에 이르기까지 미치지 않는 곳이 없다. 독서의 힘은 한 나라의 문화를 바꾸어 놓는다. 책 읽을 수 있는 공간도, 토론하는 사람들도 넘쳐날 것이다.

책과 사람과의 연결고리

길을 잃고 방황할 때, 세상이 너무나 실망스러워 애가 탔을 때, 지식을 갈망하는 마음이 클 때, 상처투성일 때, 이 모든 것에는 책이 존재해왔었다. 위로받았고 마음을 다스리는 힘을 얻었다. 울림의 파문을 주는 문장 하나하나에 마법 같은 일들이 일어난다. 주변을 둘러보아라. 책만큼 우리를 삶에 단단하게 뿌리 내리게 하는 존재란 드물었다.

희망의 책 대전 본부 강신철 이사장은 "문자나 독서를 통해 습득된 지식은 비교적 정확하고 오래 남지만, 유튜브나 동영상 등은 논거와 근거 없이 감정적으로 호소하고 선동하는 측면이 있다."라고 말했다. 독서는 정확한 정보를 이해시키나 유튜브의 경우 부정확한 정보를 받아들일 수 있으므로 독서가 왜 중요한지를 단적으로 보여준다.

독서는 아직 일어나지 않는 일들을 간접 경험하게 한다. 그런 경험들이 위대한 발명과 발견으로 이어지고 더 나은 삶을 위한 방향을 잡아볼 수 있도록 만든다. 독서가 중요한 이유는 수없이 많으나 존재하는 모든 것들을 포괄하고 있어 신비롭다. 독서는 우리의 삶을 변화시킬 수 있는 물성이다. 수많은 위인이나 영웅들은 독서를 통해 삶을 변화시켰다. 지금 우리에게 가장 필요한 것은 독서다. 독서가 사람을 만들고 우리가 가고자 하는 목표로 인도해 준다. 결국, 책과 사람과의 연결고리를 이어주는 것이다. 책에서의 여러 감정과 갈등 고리, 이해와 타협 등은 인간이 가진 모든 것들을 들여다보는 것이다. 그 속에서 진리를 발견하는 독자도 있을 것이고 못 찾는 독자도 있을 것이다. 하지만 그 과정이 중요하다. 타인을 헤아리는 감정을 이해하는 마음이 모인다면 책 읽는 독자는 분명히 유레카를 외칠 날이 올 것이다. "내가 원했던 책이야."라고.

쇼펜하우어는 "먹는 것이 육체가 되고 읽은 것이 정신이 되어 현재의 자신이 된다."라고 사유의 힘을 키울 방법으로 독서를 권했다.

우리는 독서를 통해 굵직한 삶의 심연을 극복하고 미래를 바라보는 안목의 근육을 단련할 수 있다. '독서는 힘이 세다.'라는 깨달음은 개인적 독서를 통해 몸소 느껴보고 깨우쳐보는 마음의 자세가 필요하다. 거기에 우리가 바라는 자기 자신을 위한 독서의 의미를 찾을 수 있다.

"그러나 경험이 독서보다 반드시 삶에 더 유효하다고 단언할 수 없다는 데에 독서의 신비가 있다." _『타인의 자유』, 김인환

호모 부커스(HOMO BOOKERS)

독서란 딱히 왕도가 없다. 책을 읽는 사람을 많이 만났지만, 그들은 나름의 독서를 생활화하는 사람도 있었고 틈틈이 책을 읽는 사람도 있었다. 그들의 독서를 흉내 내는 것은 내가 아닌 타인의 책 읽기와 같았다.

책을 읽는 행위가 바른 독자일수록 독서는 오래간다. 독서가 필요 이상으로 우리 생활에 밀접하게 연결되어 있지만, 여전히 필요 이상으로 와닿지 않는다. 운동은 건강해지고 글쓰기는 책 출간으로 이어지고 미술은 새로운 감각을 심어주지만, 독서만큼은 눈에 보이지 않는다. 하지만 독서는 모든 분야를 아우르는 폭넓은 관계로 연결된다. 정신적 건강과 글쓰기 향상에 좋고, 미적 감각을 키워줄 뿐만 아니라 [4]메타인지로 나아가는 통찰하는 힘을 만들어낸다. 『책 읽는 뇌』의 저자인 매리언 울프는 "글을 곧바로 이해하는 능력은 초기 판독에 드는 시간을 줄여주는

4 메타인지(MetaCognition)는 '메타(meta)'와 '인지(cognition)'를 결합한 말로, 아는 것과 모르는 것을 정확하게 파악하는 능력이다.

대신 더 깊이 분석할 수 있는 기간을 늘리는 데 기여했다."라고 했다. 독서는 결과보다 과정이 중요하다. 책을 읽는 과정을 즐기는 자가 학습하는 능력뿐만 아니라 다양한 영역들을 파고드는 사고를 할 수 있다.

독서의 생활화도 중요하다. 읽는 공간도 중요하지만 가장 중요한 것은 습관이다. 습관이 일반화되지 않으면 나의 정신적인 힘이 아무리 좋을지라도 책 읽는 행위가 오래가지 못한다.

독서는 등산과 같다. 산에 오른 만큼이나 정상은 나의 빛나는 호연지기를 만들어낸다. 독서도 처음에는 힘들어도 정상을 향한 일보의 전진이 믿음으로 보상되기 때문이다.

독서는 끝이 없다. 하면 할수록 삶의 질이 높아진다는 것을 나는 느낀다. 대화하면 은근히 책 속 한 줄과 엮어지고 글을 쓰면 문장의 언어가 수준 높게 만들어진다. 그 결과 토론을 하면 깊이 있는 질문을 던질 수 있다. 책의 영향을 통해 삶의 전반이 폭넓게 향상되는 것을 일상생활에서도 분명하게 확인했다.

전문 저널, 신문, 잡지 등 새로운 학문에 접할 때마다 문해력이 좋아져 읽는 속도감이 향상됨을 알 수 있다. 독서는 장기적으로 갈수록 그 효과는 배가 되어 활용의 가치를 높여준다. 영화나 연극, 뮤지컬, 오페라 등 예술의 측면에서도 독서가 가진 여러 효과를 포괄할 수 있고 흡수할 수 있다는 사실에 놀라움이 채워진다.

독서는 일상과 함께 연결하고 경험해야 한다. 독서의 경험은 생활에서 느끼지 못한 새로운 감각을 키워줄 수 있을 뿐만 아니라, 생각의 다양성을 만들어주는 데 있다. 그만큼 독서의 중요성은 아무리 강조해도 지나치지 않는다.

책을 읽는 존재는 '왜' 중요한가

조상연의 『책 읽는 인간, 호모 부커스(HOMO BOOKUS)』에서 "성공한 사람들은 독서의 중요성을 계속 말하고 있고 많은 사람들은 자기 계발의 기본이 책을 읽는 것"이라고 했다.

일론 머스크, 마크 저커버그, 제프 베이조스, 이건희, 손정의 등 이름만 들어도 유명한 CEO들은 위기의 순간마다 독서에서 길을 찾았고 극복했다.

세계 정치와 경제, 정보화시대를 이끄는 리더들이 공통으로 독서를 강조하는 이유는 세계가 빠르게 변할수록 독서의 중요성은 점점 커지기 때문이다. 이 시대가 요구하는 능력을 두루 갖춘 인재가 되기 위해서는 책을 읽어야만 한다고 말한다. 따라서 세상은 책을 읽는 자가 미래를 움직이며 열어갈 것이다. 깊은 생각과 좋은 길들을 발견하는 가성비 좋은 독서를 오늘부터 시작해 보면 어떨까? 여러분이 바로 미래를 준비하고 열어가는 호모 부커스이기 때문이다.

불안한 미래에 독서에 대한 투자는 수익 내는 비트코인이나 주식보다 힘이 세다. 자신의 삶을 갈고 닦으며 변화를 주는 호모 부커스는 미래를 움직여 나아갈 방향을 알고 있는 것이다. 독서만이 미래에 중요한 삶을 깨닫고 다양한 관점을 만들어낸다. 우리에게 미래를 준비하는 자세가 필요할 때 책을 읽는 호모 부커스만이 지속적이고 미래지향적인 삶을 끌어낼 것이다. 인간과 인공지능(AI)을 구별할 수 있는 특이점은 '책을 읽는 존재', 즉 호모 부커스냐, 아니냐다. 호모 부커스적 시선으로 보라.

결국 의지력이다

나는 늘 책을 읽어왔기 때문에 글을 쓸 수 있었고 책을 낼 수 있었다. 책을 읽었다고 글이 써지는 것이 아니고 책을 낼 수 있는 것도 아니다. 꾸준히 이루어낸 자기반성의 결과물이다. 나는 노력형 독자다. 그 과정들이 모여 글을 차곡차곡 쌓아왔고 책 쓰기를 충실히 할 수 있었다. 의문을 가지는 것은 책 읽는 과정에서 만들어졌다. 책은 우리에게 그 이상의 기대치를 충분히 보상해 주었다. 독서는 우리 삶에 깊은 동지애를 만든다. 가슴 벅찬 일들에도 책을 읽으면 가슴 찐한 삶들을 깊게 들이마실 수 있으니깐.

나는 이따금 책 속 깊은 울림의 문장들이 불현듯 나의 삶 속에 오면 좋겠다는 생각을 한다. 우리는 그렇게 일상을 보내지만, 독서는 또 다른 의미의 연결임을 알기에 소홀히 하지 않을 수가 없다.

이 작은 텍스트마저 의미가 더해지니 삶은 아이러니하기도 하다. 읽고 읽는 과정이 사람과 사람을 만나는 길 위에 서 있으므로 우리가 멈출 수 없는 독서의 세계에 들어가야 할 이유이기도 하다.

활자 중독자가 아닌 이상 책 고르는 일은 도전의 연속일 것이다. 책을 고르는 데 실패하고 실패하는 과정을 거듭 경험했을 때 오는 어떤 책에 가까워지는 독서의 경지에 이르고자 함은 아니다. 나의 상황과 맥락에 마주할 수 있는 직관의 책을 원하는 것뿐이지만, 이 또한 어려워 책의 선택지에서 길을 잃고 만다. 산을 오르고 내릴 때 쉬운 길이 마냥 좋은 길이 아닌 것처럼 쉬운 길이란 애초에 없다. 잘못된 길을 가는 것도 여러 상황을 마주하는 방법을 알려주기 때문에 부딪혀 봐야 한다.

"포기하지 않는다는 건, 아무런 힘이 없는데도 계속하고 있는 것을 말한다. 그리고 그건 곧, 강인한 힘으로 바뀐다."

2024년 문화체육관광부가 독서, 서점, 도서관, 출판 관련 정책을 뒤흔들고 예산을 대폭 삭감하는 정책을 내놓았다. 이 정도면 책을 읽지 말라는 것과 상통한다. 개인이 할 수 있는 독서가 있고 함께 고민해야 할 독서도 있다. 사회적 독서는 기본적으로 미래에 투자하는 가치성이 매우 높다. 그렇게 독서 예산을 한순간에 삭감하고 제 역할을 회피하는 것은 결국 독서 정책을 퇴행으로 몰고 가겠다는 의미다. 독서의 힘은 깨어있는 시민을 만든다. 성찰하고 대안을 제시하는 등 민주주의를 지탱하는 힘을 키울 수 있다. 독서를 정책적으로 우선순위에 두어야 할 이유다.

"세상을 바꾸는 것은 사람이고, 그 사람을 변화시키는 것은 교육이며, 그 교육을 완성하는 것은 독서이다." 결국, 독서가 사람을 변화시키고 세상을 바꾼다. 독서의 힘은 위대함을 넘어 그 가치를 인정받아야 한다. "독서의 중요성은 아무리 강조해도 지나칠 수 없다."라는 말은 시대가 변해도 변함없는 가치다. 책을 제대로 알고 읽는 루틴을 경험하면 할수록 독서의 힘을 피부로 느낄 수 있다.

챗GPT 시대에서는 좋은 질문이 새로운 생각과 지식을 창출해 낼 수 있다. 그 바탕은 독서의 힘이다. 독서를 할수록 나를 키우는 경쟁력은 향상될 것이고 질문하는 능력이 길러진다는 사실은 누구나 알고 있다. 결국, 중요한 것은 실천이다.

책 읽기를 멀리하는 요즘 관심에서 오는 동기부여가 필요하다. 책을 읽고 독서 경험을 지속하여 일상생활에 습관으로 녹여내야 한다. 저절로 되는 것은 없다. 그중에 독서는 끊임없이 습관화해야 좋은 결과가 나타난다. 민주시민으로 성숙하기 위한 독서의 투자 가치도 알아가야 한다. 거기에 우리의 미래가 있고 앞으로 나아갈 수 있는 가치가 있다.

독서는 절박한 행위다

책을 어떻게 접하고 읽어야 할까? 저절로 접하기 어려울 때는 좋은 독서가를 만나는 게 첫 번째고, 두 번째는 책을 접하는 독서환경을 만들어 가는 것이다. 아니면 독서 모임에 참여해 본다. 나를 불러일으킬 수 있는 나를 위한 책을 만나는 것 또한 나쁘지 않다.

독서에 대한 다양한 시도는 책 읽을 마음의 자세가 뒷받침되어야 한다. 발견하지 못한 것들이 많으므로 희망은 충분하다. 시간을 갖고 책에서 발견을 찾아 나서고 아니면 좋은 독서가를 만나거나 작가를 만나는 것도 방법이다. 진정한 독서는 우러나오는 나의 의지다. 책을 배신하지 않으면 더 나은 것들을 충분히 얻을 수 있다.

독서는 취미가 아니라 일상이 되어야 한다. 독서는 자신의 존재 근거와 논리를 확인하고 구축하는 데 가장 효율적인 수단이다. 매일 꾸준히 조금씩 읽거나 관심 있는 주제를 정하고 그에 대한 다양한 관점과 생각들을 접하는 것도 좋다. 읽기를 생각하는 행위로 착각하는 것은 큰 오산이다. 쇼펜하우어가 말했듯, "독서는 자신의 머리가 아닌 남의 머리로 사고하는 것"이기 때문이다. 남의 머리를 빌려 사고하지만 결국 나의 것으로 만들어가는 것이 독서가 가진 매력이다. 독서에서는 그 어떤 것도 저절로 이루어지지 않는다. 정답을 알고 있지만 풀어가는 과정이 더 어렵다. 끈기 있게 할 수 있는 근성과 책을 대하는 진정성이 필요한 건 아닐까.

나는 단순한 일상에서 틈날 때마다 책을 읽었다. 반성하고 고민하고 도전했던 것이 변화라면 변화이다. 변화가 없다면 지금의 삶을 넓은 시선으로 바라보지 못했을 것이다. 자기 인식의 힘을 얻었다는 것은 그 이상으로 받아지는 것이 많아짐을 뜻한다. 예를 들면, 책을 읽고 쓰고 서평을 올리고 책 모임을 하면서 책의 다양한 관점을 끄집어냈다. 결국에 나를 발견하고 깨닫고 경험의 생각 근육을 만들어갔다. 그 오랜 시간 속에 독서라는 내공을 키워왔다는 의미가 내포된다.

"독서는 고독 속의 대화가 만들어내는 유익한 기적"이라고 말한 마르셀 프루스트는 우리 뇌는 겉으로 조용할 뿐 매우 분주하게 움직인다고 말했다. 흥미로운 뇌는 다양한 인지적 자극을 통해 나 자신의 총체적 힘을 끌어온다. 김을호 교수의 『결국 독서력이다』에서 독서는 절박한 행위라고 정의했다. 디지털 시대에 절실하게 요구되는 생존 역량으로 독서를 지칭했다. 독서법을 익히는 방법은 많다. 중요한 것은 꾸준하게 읽고 자기만의 읽는 루틴을 만들어가는 절박한 마음이 있어야 한다.

매리언 울프는 "인간에게는 독서를 위한 유전자가 없다."고 했다. 하지만 읽는 뇌는 후천적으로 극복할 수 있다. 독서는 저절로 이루어지지 않기 때문에 결국 하고자 하는 끊임없는 의지력과 습관에 달려 있다.

결국, 99%의 의지력이다.

읽기의 미래가 불안하다

tvN 드라마 〈졸업〉에서 수업의 본질에 대한 갈등이 불거질 때 나는 학교가 아닌 학원에서 독서를 깊이 이해해 가는 것에 약간의 의구심이 생겼다. 그 의구심은 모두의 문제가 되어 버린 독서교육에 대해 안타까움이 올라왔기 때문이다.

"텍스트를 읽는 방법을 가르칠 거예요. 일대일로 맞짱 뜰 수 있는 생각의 근육을 키울 수 있는 방법이에요. 문제 풀이 기술이 아니라 시험 지문에 등장한 글을 읽고 본능적으로 답을 찾을 수 있는 본질을 가르쳐야 한다는 것입니다."

_tvN 드라마 <졸업>

수능 위주의 획일적이고 주입식 교육이 아닌 오랜 시간을 통해 텍스트를 읽는 능력을 단련하는 교육이 필요하다. 하지만 현실적으로 불가능한 이야기인 까닭은 우리 교육이 단순 읽기 형식이거나 질보다 양의 독서를 지향했기 때문이다. 질적인 독서가 없다 보니 문해력이 떨어지고 읽기의 기본적인 성향을 제대로 파악하지 못하고 있는 현실이다.

독서가 주는 감동은 읽을수록 또 나이가 들수록 굵직한 맛이 있다. 읽는 것에 익숙해질 때 삶의 길에 책이 스며들고 더 나은 여정으로 나아가는 힘을 얻는다. 독서는 로망이 아니다. 로망이 되지 말아야 한다. 읽고 쓰는 삶에 흡수하여 아웃풋이 되어야 한다. 단순히 읽고 끝내는 것이 아니라, 자신의 삶으로 끌어당겨 활용하는 것이 능동적인 독서다. 능동적인 독서는 진정한 아웃풋을 만들어낸다.

매슈 루버리 교수는 인간은 글자를 읽게 진화하지 않았다고 한다. 대화 능력과 달리, 문자를 읽고 해독하는 능력을 모든 사람이 갖춰야 한다고 생각한 것은 최근의 일이어서, 인간의 뇌는 다른 용도로 진화된 기능을 읽기에 [5]전용(轉用)하고 있다는 것이라 했다. 우리는 인구 대부분이 책을 읽을 수 있다고 생각하지만, 사실 인터넷의 확산 이전부터 많은 사람이 다양한 이유로 읽기를 힘들어했다. 힘든 읽기 과정을 통해 우리는 생각하고 비판하는 새로운 인지 감각을 느낀다.

5 전용(轉用)은 예정되어 있는 곳에 쓰지 아니하고 다른 데로 돌려서 씀을 의미한다.

읽는 즐거움의 독서 시스템이 절실하다

마크 세이덴버그 교수는 "읽기는 여전히 유일무이한 작업으로, 우리가 글자를 읽을 때 얻을 수 있는 것들은 다른 어떤 것을 통해서도 얻기 어려운 것들이다."라고 말했다. 읽기는 다른 정보와 연결되는 통로가 되며 미래에 필수적인 과정이 될 것이다.

읽기를 단순히 수능을 위한 방편으로 삼는다면 큰 틀에서 볼 때 성인이 되면 책을 가까이할 수 없는 구조가 된다. 다양한 삶이 공존하는 세상에서 획일적인 문장을 외우고 답을 찾아가는 방식은 독서의 다양성을 창출하지 못한다. 결과적으로 일차원적인 사고를 길러내는 것이다. '독서 소멸'이라는 불안한 읽기의 미래에서 우리가 놓친 읽기의 중요성을 공론화하고 학교에서는 실효성 있는 독서의 시간을 가질 필요가 있다.

핀란드는 국민의 77%가 매일 1시간씩 책을 읽고, 국민 67.8%라는 도서관 이용률이 보여주듯 매일 저녁 식사 이후에 온 식구가 모여 한두 시간씩 책이나 신문을 읽는 독서문화가 자리 잡고 있다. 장기적인 읽기 투자가 핀란드 독서의 장래를 밝게 했고 독서 강국이라는 타이틀이 가진 힘은 곧 국민의 건강한 삶의 질을 가져오고 있었다.

불안한 독서의 미래가 되지 않기 위해서는 읽는 능력이 부족한 아이에게 어릴 때부터 읽는 즐거움을 키워가는 독서 시스템의 전면 개편이 필요하다. 지속적인 우리의 미래를 열어가기 위한 탄탄한 독서문화가 진화할 수 있도록 그 환경을 만들어주어야 한다. 읽기가 미래에 불안하지 않기 위해서라도 개별화된 맞춤형 독서 이력 관리와 어디에서든 읽기가 가능한 독서 시스템 구축이 절실하다.

읽기의 지속가능성

왜 책을 읽어야 할까?

낡은 질문에서 벗어나 참신함으로 의문을 가지는 역행이 필요한 요즘이다. 정보가 쏟아지는 디지털 시대에 정보량을 많이 습득할수록 어느 정도의 지식수준과 문해력을 갖췄다는 착각에 빠진다. 정보를 얻는 것과 독서를 하는 행위는 별개의 차원이다. 독서는 텍스트의 뜻을 헤아리고 행간 행간마다 연결되는 의미를 풀어가는 고차원적 행위다. 사고하고 의미를 재구성하는 데 매우 능동적이고 미래지향적 인지 활동이다.

오늘날 중요한 이슈로 주목받는 가짜뉴스, 사회적 문제, 가상과 현재가 뒤섞이는 현실에서 독서는 가치판단이나 사실과 허위를 구분하는 당위성이 된다.

다양한 디지털 매체의 증가로 오히려 집중력이 떨어진다. 주의를 빼

앗기면 집중력이 떨어지고 한 곳에 몰입하지 못하는 현상이 나타난다. 이는 결국 집중하지 못하여 사고의 깊이가 얕아지는 현상으로 초래될 가능성이 크다. 인간이 인공지능이나 기술 문명에 의존하다 보면 지식의 노예가 될 수 있듯, 인간의 생존 위기가 현실이 되지 않을까 하는 두려움이 있다.

영상 길이가 1분이 넘지 않는 댄스 챌린지 영상을 보고 있으면, 시간이 가는 줄 모르고 손에서 핸드폰을 놓지 못한다. 1.5배나 2배속으로 빨리 돌려보는 동영상은 우리의 집중력은 퇴화시키고 뇌는 더 깊은 생각을 원하지 않게 될 수도 있다. 갈수록 집중력은 떨어지고 정보 습득은 가벼운 수준에 불과하여 깊이 읽는 사고를 할 수 없는 책명의 현상이 지속되는 것이다. 이 슬픈 현실에서 우리가 알아야 할 집중력을 되찾는 한 가지의 방법은 바로 '책을 읽는 것'이다. 독서가 가진 긍정적이고 실용적인 효용성은 빌 게이츠, 스티브 잡스, 한강, 찰리 멍거 등 성공한 인물들의 예로 알 수 있다. 이들은 독서의 지속가능성은 항상 열려 있음을 증명하고 있다.

읽는 인간은 뇌 가소성이 좋아진다

움베르트 에코는 "책 읽지 않는 사람은 단지 자신의 삶만 살아가고 또 앞으로 그럴 테지만, 책 읽는 사람은 아주 많은 삶을 살 수 있다."라고 했다. 많은 삶을 살 수 있다는 것은 독서가 지속가능성의 중요한 수단임을 증명하고 있다.

매리언 울프에 따르면 인간은 읽는 유전자를 가지고 있지 않았다고 했다. 선천적으로 타고난 것이 아니라 후천적으로 꾸준히 훈련하여 습관을 만들어 읽는 능력을 키워나가야 한다고 했다. 읽어야 성장할 수 있고 지속가능성으로 나아갈 수 있다. 읽는 사람은 읽지 않는 사람에 비해 [6]뇌 가소성이 증가한다. 깊이 오래 읽을 때 뇌 가소성이 더욱 발달한다. 그는 뛰어난 독서가의 뇌는 문서의 빠른 해석을 가능하게 하는 특정 부분이 발달해 있다고 말했다. 특정 부분이란 오래되고 지속적인 깊은 독서로 나아가는 행위를 뒷받침한다. 그 행위가 독서의 중요한 역할이다.

처음에는 책을 읽는 것이 어렵지만, 읽을수록 뇌는 점차 활성화된다. 우리 뇌는 습관화되면 책도 쉽게 읽는 방향을 만들어준다. 뇌 가소성 덕분에, 뇌는 자주 경험하는 일을 신경 회로를 변형시켜 더 쉽고 빠르게 처리해 낸다. 이를 통해 책을 읽는 행위가 자연스럽게 다가온다. 책 읽는 뇌를 만들어가는 것은 지속 가능한 독서의 시작이다. 전략적인 독서로 이어가다 보면 자연스러운 독서습관이 만들어지고 나아가 독서는 일

6 뇌 가소성(Neuroplasticity)은 뇌가 새로운 경험, 학습, 또는 손상에 반응해 구조와 기능을 변화시키는 능력을 말한다. 인간의 뇌는 고정된 기관이 아니라, 환경에 따라 적응하고 변화할 수 있다는 이론이다.

상이 된다. 일상의 독서는 후천적인 노력 즉 습관과 마음가짐으로 이루어진다. 좋은 독서환경을 만들어가는 것도 독서의 지속가능성을 위함이다. 우리의 책 읽기는 디지털 시대에 절실하게 요구되는 생존 도구임이 틀림없다.

미래학자인 니콜라스 카는 사람들이 인터넷 검색에 익숙해지며, 긴 글을 읽는 능력을 잃어버렸다고 말한다. 사람들은 점점 모든 일을 검색으로 해결하려고 하고 있고, 생각하는 힘은 약해지고 있다. 깊이 있는 지식을 접하지 않는다면, 독서의 진정한 의미를 이해하지 못하면 진정한 책 읽는 행복을 느낄 수 없을지도 모른다.

디지털 시대에 스스로 자각하고 통찰하는 사람만이 살아남을 것이다. 독서가 인류의 생존 조건으로 다시 주목받고 있는 이유다. 독서는 미래를 준비하는 자에게 열린다. 미래에 일어나는 다양한 문제들을 깊이 사고하고 생각해 보고 실천할 수 있다. 독서는 먼 미래의 지속가능성의 열쇠를 지니고 있는 것이 분명하다.

읽지 않는 시대

요즘 사람들은, 책을 안 읽는다! 냉소의 말은 매년 매체나 뉴스, 다양한 곳에서 익숙하게 흘러나온 문장이었다. 시대가 변해도 바뀌지 않는 독서풍토는 여전하다. 많은 것이 변해도 읽지 않는 것은 쉽게 동조하고 변할 수 없는 것일까. 사실 '읽는다'는 것은 선천적이라기보다는 후천적 행위에 가깝다. 오죽하면 독서에 대한 다양한 명언과 방법을 알리는 문장, 유명인들의 경구, 독서 관련 책 등 독서캠페인이 연신 쏟아져도 읽지 않는 사람은 읽지 않는다는 사실이다. 책은 가장 오래된 미디어지만 온라인 미디어에 밀려 홀대받는 도구로 전락하고 말았다. 캐나다의 미디어학자 마샬 맥루한은 "미디어는 메시지다."라는 유명한 말을 남겼다. 미디어가 사회를 통제하거나 지배하는 기능을 가져 가장 큰 영향력을 행사한다는 의미다.

하지만 미디어는 메시지를 전달하는 도구에 불과하다. 이런 원인으로 문해력 하락과 독서 경험 부족이 나타났으며 21세기의 주요 문제는 난독증으로 부각됐다. 또한, 정보 과잉으로 인한 집중력 감소로 책을 읽지 않은 사회가 도래했다고 할 수 있다. 왜 읽지 못하는 것일까.

책을 읽는 독자도 책을 읽지 않는 독자도 읽는 방법에 대한, 아닌 읽기를 잘하고 있는지에 대한 누군가의 조언을 바라고 있는지도 모른다. 그 누군가는 좋은 독자도, 사서도, 독서가도 솔직히 만나기는 어려운 상대지만 분명 희미하게 존재하고 있다. 그렇다면 책에서 작은 희망의 단서를 찾을 수도 있다. 읽기 장애, 읽기 장벽 대신 '읽기 차이'라는 말이 어울린다. 읽는 존재로서 우리가 가져야 할 의문은 당연히 받아들여야 한다.

읽는 사람과 읽지 못하는 사람으로 구분하지만 결국 우리는 대다수가 읽지 않기 때문에 읽는 것에 대한 새로운 관점으로 바라볼 수 있어야 한다. 우리는 읽지 않는 게 아니라 읽지 못하는 것이다. 『읽지 못하는 사람들』을 쓴 매슈 루버리는 "중요한 것은 당신이 이 책으로 무언가를 하고 있다는 사실, 곧 내가 '읽기'라고 불러야 한다고 주장하는 무언가를 하고 있다는 사실이다."라고 말했다.

책을 잘 읽지는 못해도 읽는 행위 자체에 '괜찮은 일 아닌가?' 하는 말 한마디가 지금의 시대에 필요하다. 잘하고 있다고, 책을 잘 읽고 있다고 건네는 칭찬의 말 한마디에 책 읽을 용기로 나타날 수도 있기 때문이다.

비독자의 독자전환은 가능한가

비(非)독자와 독자는 책 읽는 마음에서 오는 차이다. 책을 대하는 방향에 따라 독자가 될 수 있는 여건이 생겨난다. 책을 읽는 훈련과 습관, 즉 용기를 불어넣는 독서 훈련을 꾸준히 길러내어야 한다. 책을 읽지 않는 시대에 인간이 누릴 수 있는 기본적 독서행위는 앞으로도 습득해야 할 기본과정이 되기 때문이다. 비독자는 책에 대한 좋은 경험이 없다. 독서에 대한 가치 인식이 부족하지만, 간헐적 독자로 언제나 읽는 독자가 될 가능성이 남아 있다.

읽을 수 있는 능력이 있지만, 책을 읽지 않는 사람이 비독자라면 희망의 끈은 언제나 존재한다. 독서를 할 수 있는 환경적 여건과 의욕을 가질 수 있는 관심과 믿음이 중요하다.

책을 읽지 않는 시대에 비독자를 위한 지원이 필요하다. 독서가 만드는 깊은 사고가 필요하다면, 우리는 관능적 읽기에 빠져 책을 읽지 않는 비독자를 도울 사회적 지원 체계를 마련해야 한다. 가까운 동네 도서관과 책방에서도 비독자를 위한 독서 리터러시 교육을 지원하는 역할도 좋은 방향이다. 함께 읽는 모임도 좋다. 읽는 생활을 지탱해 줄 수 있는 독서 멘토가 많기 때문이다. 멘토의 한 마디 독서 조언으로 단단한 독서가 자란다. 1%의 가능성을 위한 사회적 관심이 필요할 때다.

노벨 문학상 수상자인 노르웨이 작가 욘 포세는 “모든 위대한 작품들을 통해 우리는 삶을 조금 새로운 방식으로 보게 되고 또 더 잘 이해하게 되는 것 같습니다.”라고 말했다. 그는 책을 읽으면 삶을 강력한 방식으로 느끼게 된다고 했다. 강력한 방식으로 느낀다는 것은 삶을 바라보는 시선의 관점이 넓어지는 것을 의미한다. 책을 읽지 않으면 인간의 삶을 바라보는 시선과 이해가 떨어질 수밖에 없어 성숙하지 못한다. 책을 읽지 않는 시대에 책을 읽는 사람은 귀하고 위대한 존재다.

“책 속에는 뭔가 우리가 상상조차 할 수 없는 게 들어 있어. 그 여자로 하여금 불타는 집 속에서도 빠져나오지 않고 남아 있도록 만드는, 분명히 뭐가 있어.”

_『화씨 451』, 레이 브래드버리

chapter 3

디지털 시대 읽기를 준비하다

투자 대비 가장 좋은 파트너

2023년 국민 독서실태 조사에서 지난해 우리나라 성인 10명 중 6명(57%)은 1년에 책을 한 권도 읽지 않은 것으로 나타났다. 종이책을 읽은 성인은 10명 중 3명(32.3%)에 불과했다.

책을 읽기 어려운 이유로는 '일 때문에 시간이 없어서'(24.4%)가 가장 높았고 '책 이외 매체(스마트폰·텔레비전·영화·게임 등) 이용'(23.4%), '책 읽는 습관이 들지 않아서'(11.3%) 순으로 나타났다. 연령 간 격차도 커서 20대가 74.5%로 가장 높았고, 60세 이상은 15.7%로 가장 낮았다. 매년 발표되는 독서실태 조사에서 보면 결국 책을 읽는 독자보다 읽지 않는 비독자가 많았다. 책이 가진 효용성을 느끼지 못한다는 것은 책보다 다른 매체 환경에 사로잡혀 책에 관심을 두지 않았다는 말이다.

흔히 책을 '마음의 양식'이라고 한다. 하지만 허기진 마음의 양식은 독서에 있지 않았다. 삶의 복잡함에 있다. 우리 삶과 경제생활에서 돈은 불가피한 도구다. 반면 독서는 하지 않아도 생활에 필요 이상으로 영향을 미치지 않는다. 돈만 있고 지식과 지혜가 없다면 삶의 의미를 느끼지 못한다. 육체는 살아도 정신이 없는 것과 마찬가지다. 돈으로 살 수 없는 것이 독서 경험이다. 독서는 투자 대비 가장 좋은 파트너며 행복의 가치를 더해 주기 때문이다.

그렇다면 읽지 않는 시대에 왜 책이 필요할까? 책은 우리 삶에 효용적일까? 읽기를 싫어한다는 것은 착각일까? 의문이 떠나지 않는다. 요즘 책 읽는 방법은 없을까.

도서관만 가봐도 책 읽는 사람은 10명 중 1명꼴이다. 책은 필요하지 않은 도구로 전락하고 말 것일까. 김지원 인스피아 발행인이 쓴『지금도 책에서만 얻을 수 있는 것』은 책이 왜 필연적으로 유효하고 가치 있는 도구인지 묵직한 한 방을 주었다. 비좁은, 낯선 세계를 뚫고 나갈 수 있게 하는 도구가 책이며 일상과 마주하는 사회문제를 깊이 있게 깨어보고 반박하고 파고 들어갈 수 있다는 것이다. 이 책은 나름의 경험을 살려 설득력이 있게 전개했다.

저자는 "좋은 글은 수고 없이 나오지 않는다. 진정성을 가지고 어떤 문제를 파고들었던 저자의 책은 세월이 지나도 힘이 있다."라고 말했다. 진정성 있는 책은 세월이 지나도 우리 마음속의 울림에 오래 남는다는 것이다.

책이 좋다는 것은 누구나 안다. 다만 제대로 충분하게 느끼지 못하고 있으니 책에 접근할 수 없다. 필자도 처음에는 독서에 재미를 느끼지 못했고 절실히 다가가지 못할 정도로 살기 바빴다. 절실함이 없다는 것은 책보다 재미를 더한 또 다른 환경요소가 많기 때문이었다.

재미만큼 중요한 동기는 없다. 독서의 재미를 알면 관심이 생기고 책에 관심이 생기면 읽고 싶어진다. 좋은 책을 고를 수 있고 책을 읽기 위한 마음의 여유까지 생길 수 있다. 재미는 어떻게 나올까? 어릴 적 놀이 시설이 없던 시절에 새총, 자치기, 활쏘기, 썰매놀이 등 계절마다 새로운 놀이는 흥미를 불러일으켰고 시간 가는 줄 모르게 놀았던 기억이 있다.

특별한 재주가 없어도 만들고 조립하고 응용해 보는 활동들이 재미를 주었다. 책도 그런 의미에서 새로운 것이 널려 있는 즐거움의 창고다. 가보지 못한 세계와 간접 경험이 우리의 끝없는 이상을 꿈꾸게 할 최적의 공간이 된다. 그 공간에서 보이지 않는 가능성을 생각해 볼 시간을 만들어 간다.

독서만큼 최소비용으로 많은 가치를 얻는 것은 없다

도저히 일어나지 않을 것 같은 일이 실제로 일어나는 현상을 일러 '블랙스완'이라 부른다. 나심 니콜라스 탈레브가 쓴 『블랙스완』에 나오는 검은 백조처럼 칠면조가 될지, 파티를 주최하는 집주인 될지는 여러분의 독서 투자에 달려 있다. 책은 능동적인 사고를 깊이 들여다보게 준비된 훈련의 도구다. 증권이나 주식, 부동산 등의 경제적 투자보다 중요한 것은 독서가 여러분 인생에서 가장 중요한 투자가 되어야 한다.

어떻게 하면 독서에 투자할 수 있을까. 첫째, 관심 있는 주제의 책으로 시작하라. 일이나 직장 관련이 아니며 취미에서 관심 있는 주제의 책을 찾아보고 여러 책과 저자들을 연결해 보는 것이다. 알고리즘으로 연결된 곡선은 흥미를 불러일으키고 계속 관심을 불러일으키는 힘을 지닌다.

둘째, 책을 읽고 나서 개인 블로그에 리뷰를 쓰라. 리뷰를 쓰는 이유는 기억을 남기는 일이라서다. 소스가 모이면 글 한 편을 멋진 문장으로 표현할 수 있고 글쓰기를 만들어내는 힘을 키울 수 있다. 셋째, 책 쓰기로 연결되는 나만의 글이 만들어지는 힘이 생긴다. 일생에서 책을 쓴다는 것은 나를 표현하는 지식 도구가 된다. 나의 책이 하나의 비즈니스 수단이 될 것이고 또 다른 창출의 기회를 제공하는 데 중요한 역할을 해낸다.

넷째, 좋은 문장을 필사하고 작가의 문장을 나의 삶과 연관시켜라. 책을 읽다 보면 마음에 와닿는 문장이 있다. 필사 노트에 필사하여 작가의 의도한 문장을 나의 문장으로 만들어가는 것도 독서에서 중요한 행위 중의 하나다. 내 삶에서 어떤 사고를 길들일 수 있는 힘을 배울 수 있다는 것은 진정한 삶의 무기가 된다.

독서 투자는 인생에서의 멋진 투자다. 가장 중요한 파트너십이자 행복한 동행자이기 때문이다.

문해력과 독서

우리는 살아가면서 다양한 사람을 만난다. 대화의 내용과 질은 만나는 사람마다 다르다. 대화할 때 이해하지 못하는 말이 나오면 흐름이 끊긴다. 그럴 때 상대방이나 자기 자신도 당황하는 것이 쉽게 발견된다. 삶을 살아가는 방식은 달라도 대화나 의사소통의 흐름이 끊기면 타인과의 관계도 모호해질 수 있다.

직접 소통보다는 문자나 SNS, 소셜미디어 등 온라인 소통에서가 더 심각하다. 단어나 문장의 의미를 제대로 파악하지 못하면 소통의 부재가 발생한다. 우리는 일상에서 수많은 텍스트를 매일 읽으면서 살아가고 있지만 읽고 이해하는 능력인 문해력과 어휘력이 부족하여 개인적, 사회적으로 대화 및 소통의 부재 현상이 나타났다.

그 사례로 공공기관이나 학교, 기업에서 공문이나 가정통신문을 보낼 때 한자어를 넣다 보니 웃지 못할 해프닝도 생긴다. '비가 올 경우'라는 뜻의 우천 시(雨天時)를 우천 시(市)로 착각하거나 뜬금없이 모집 인원 ○명을 채용 공고에서 보고 ○명은 한 자릿수 인원을 뽑는다는 뜻인데 잘못 이해한 일부 사람들은 "왜 0명 뽑는다고 하냐?"는 황당한 댓글을 달았다. 금일(今日)을 금요일로, 사생(寫生) 대회를 죽기 살기 대회로 고지식(固知識)을 고(高) 지식으로, 심심한 사과를 지루한 사과, 사흘을 4일이라고 잘못 이해하고 있는 경우가 상당히 많았다.

학교 현장에서의 문해력은 더 심각했다. 수학여행 가정통신문에 중식(점심) 제공의 글을 보고 왜 중식을 제공하냐, 우리 아이에게는 한식을 제공해 달라고 했다. 문해력은 오늘내일 풀어야 할 문제가 아니었다.

두발 자유화 토론을 하는데, 두발이 두 다리로, 사건의 시발점을 욕이라 해석해 버려 불만의 소리가 터져 나오기도 했다. 이부자리를 별자리로 족보를 족발 보쌈세트의 줄임말로 이해한다. 경기력 저하의 저하를 왕과 왕비를 칭하는 뜻으로 알고 앞뒤 맥락을 파악하지 못한다. 가로등은 세로로 서 있는데 왜 가로등이냐고 묻는다. 고가 다리는 비싸게 만든 다리라고 한다. 단순한 단어 오해가 아니라 우리말에 대한 전반적인 이해 부족으로 나타났다.

단어란 "시간에 따라서 많이 사용되기도 하고 없어지기도 하고 새로 만들어지기도 하는 것"이다. 청소년들의 어휘 수준에 따라 이해하는 수준도 달라져야 한다. 대상에 따라 시대의 어휘 수준을 쉽게 풀어주고 이해하는 방법을 길러주는 것도 중요하다. 한자나 옛 단어에 고집하다 보면 아이들의 문해력 수준은 갈수록 심각하게 나빠질 수 있기 때문이다.

여기에 소셜미디어와 영상 플랫폼 등의 영향으로 난독과 오독은 자연스러운 현상이 돼버렸다. 숏폼 영상이 대표적이다. 문해력 저하는 짧은 영상과 메시지에 익숙해진 탓과 유튜브의 등장으로 책을 잘 읽지 않는 원인이 클 것이다. 짧은 영상에 익숙하다 보니 텍스트 접근이 쉽지 않고 읽기를 싫어한다. 이는 결국 갈수록 심각한 수준의 문해력으로 이어진다. 문해력을 올리려면 어떻게 해야 할까.

능동적 독서로 길러내야!

신경학자 매리언 울프는 "문해력의 저하가 민주주의 위기를 초래할 수 있다. 기술적으로 발전한 나라의 국민에게 비판적 사고, 다양성을 존중하는 능력이 없다면 그 나라에는 재앙이 닥칠 수 있다."라고 경고했다.

문해력은 단순히 글을 읽는 능력뿐 아니라 글의 맥락을 이해하고 내 의도대로 상대에게 전달되도록 쓸 수 있는 소통능력이 바탕이 되어야 한다. 그 바탕 위에 독서가 반드시 뒷받침되어야 한다. 어휘, 맞춤법, 독해 등 한 단계 나아간 말 재치에 이르기까지 문해력 향상에 기반이 되는 독서 방법의 변화가 중요하다. 현대인에게 문해력은 아무리 강조해도 지나칠 수 없는 중요한 소통 도구이다.

문해력을 기르려면 책을 읽어야 한다. 읽고 듣고 말하고 쓰면서 온전히 표현하고 이해하는 힘을 꾸준히 길러내는 것이다. 함께 읽는 방법도 있다. 서로 공감하는 독서는 결국 문해력 향상에 도움을 준다. 책을 읽을 때 문장과 문장 사이를 꼼꼼히 이해하고 풀어가는 과정을 되풀이할 경우 문해력도 향상된다. 단순히 읽는 것이 아니라, 맥락을 통해 이해하고 비판하는 능동적인 독자로 길러내야 한다.

정보홍수로 인한 가짜뉴스, 허위정보, 여론조작 등에 현혹되는 경우가 많아지고 있으므로 온라인으로 모두가 연결되는 사회에서 또 하나 갖춰야 할 능력인 '디지털 문해력'도 중요하다.

비판력과 이해력 즉 문해력과 독서의 상호관계는 매우 긴밀하게 연결되어야 한다. 인공지능 시대에 살아가는 우리에게 어려움을 잘 헤쳐 나갈 수 있고, 적응하는 데 유용하기 때문이다.

가랑비에 옷 젖듯이 읽기

나는 책 욕심이 과하다 싶다. 일주일 3~4번 도서관에서 책을 빌리고 1회 정도 책방에서 책을 구매한다. 빌린 책과 구매한 책들을 살펴보고 읽을 만한 책은 정독한다. 하지만 나머지 책들을 훑어보고 버려두는 경우가 많았다. 반복적인 독서 행위가 나쁜 영향을 미치는 것도 아니었다. 아직 선별하는 과정이 부족할 뿐 책 읽는 데는 아무런 지장을 초래하지 않는다. 책을 읽으면 읽을수록, 나의 삶이 좋아진다는 사실은 부인할 수 없다. 여전히 책이 좋다고들 하지만 나아지지 않은 삶 때문에 책으로 가지는 믿음이 사라지는 것이 아닐지 두려울 때도 있었다.

'읽는다'는 그 행위 자체에 힘을 실었고 오랜 시간 책이 준 선물은 인생의 좌표에 중요한 역할을 했다. 무력했던 일상에서 책을 통해 나를 만날 수 있었고 사고의 폭을 넓혀가는 데 힘을 보탰다. 책 속에 숨겨놓은 글귀들을 살펴 내 인생의 동반자로 삼았다. 예를 들면, 조세희의 『난쟁

이가 쏘아올린 작은 공』을 읽고 우리 사회의 웅크린 불합리한 관행을 되돌아보고 당장 나는 어떻게 살아가야 할지를 고민했다. 부끄러운 진실에 마주하는 나의 이성적 양심을 만날 수 있었다.

독서는 정답이 없는 활동이다. 다르게 생각해 보면 끊임없이 글의 언어와 상호작용하여 나만의 생각을 정리하며 다양한 관점으로 풀어낼 수 있다. 그 한 예로 타인과의 대화를 통해 생각을 확장하고 비판할 수 있는 능력이 길러진다. 나는 학교에서 학생들과 함께한 독서 모임에서 변화의 단상을 느낄 수가 있었다. 말하는 수준이 좋아졌고 읽은 책이 무엇을 말하는지를 증명했다. 학생들에게 독서의 가치를 알려주는 것은 매우 중요한 일이다.

자기계발 전문가 제임스 클리어의 『아주 작은 습관의 힘』에서 "1%의 성장은 눈에 띄지 않는다. 그러나 수학적으로 1년 동안 매일 1%씩 성장한다면 나중에는 그 일을 했을 때보다 37배 더 나아져 있을 것이다."라고 했다. 하루하루 한 페이지 한 페이지 읽을 때마다 그 작은 습관들이 365일간 쌓이면 놀라운 일이 일어난다. 지금 당장 놀라운 경험을 시작할 때이다.

서둘지 마라, 그러나 쉬지도 말라

옛말에 '가랑비에 옷 젖는 줄 모른다.'라는 속담이 있다. 이는 아무리 사소한 것이라도 그것이 거듭되면 무시하지 못할 정도로 크게 됨을 비유적으로 이르는 말이다. 처음부터 독서를 잘할 수 없다. '가랑비에 옷 젖듯이' 서서히 책에 스며드는 경험을 할 수 있도록 독서환경을 만들어 주는 일이 중요하다. 서서히 책으로 스며드는 일은 중요한 시간이다. 읽고 또 읽다 보면 상상도 못 할 가슴 벅찬 일들이 펼쳐진다.

나는 자주 등산하러 간다. 산을 오르면 오를수록 한계에 닿을 때마다 하산하고 싶었지만 포기할 수 없는 이유는 정상 위에서의 짜릿함 때문이었다. 갈 수밖에 없는 끌림이 있었다. 독서를 등산에 비유하는 것도 이 짜릿함을 느끼게 하는 울림이 있기 때문이다. 책에 스며드는 일은 어렵다. 다만 꾸준히 습관적으로 일상에 스며드는 일을 한 걸음 한 걸음 내딛듯이 한다면 정상에 도달하는 것은 그리 어려운 일은 아니다.

괴테는 "자신을 믿는 순간 어떻게 살아가야 할지 길이 보인다."라 했다. 인생을 살아가는데 필요한 것은 자신을 믿고 직접 현실에 뛰어드는 것이다. 좋은 책은 현실의 벽에 부딪힐 때 닿지 않는 실마리를 풀어주는 멘토가 되어준다. 서서히 책에 젖을 때까지 각자도생으로 책을 읽든지,

책 모임이나 작가를 만나는 기회, 동네 책방에 들러 책 처방을 받는 일들을 접해볼 수 있다. 평범해 보이지만 보이지 않는 소낙비가 어느새 큰 물줄기를 만나 여러분의 삶에 스며드는 경험을 하게 된다.

책을 읽지 않는 시대에 책에 대해 말하는 것은 힘든 일이다. 역설적으로 말하면 책이 우리 삶에 중요한 부분을 차지하고 있지만 크게 느끼지 못하고 있기 때문이다.

그럼에도 불구하고 삶에 중요한 부분을 파고드는 책이 일상에도 깊이 스며들 수 있도록 독서 시간을 서서히 늘려가야 한다. '가랑비에 옷 젖듯이' 서서히 스며드는 독서 경험은 우리 삶에서 더 나은 나 자신을 발견하게 한다.

『해리포터』의 작가 조앤 K. 롤링은 "당신이 무엇을 할 수 있는지, 무엇을 할 수 없는지 판단하는 것은 오직 당신뿐이다. 우리가 정말로 할 수 있다면, 우리는 자신을 놀라게 할 수 있다."라고 말했다. 나 자신의 믿음이 쌓일 때 자신의 놀라움을 발견할 수 있다. 독서도 믿음이 쌓여 갈 때 그 놀라움을 발견하는 순간 자연스럽게 스며들어 삶의 밑거름이 된다. 어릴 때부터 독서습관을 길들이고 즐거움을 맛보아야 한다. 하루아침에 일어나는 일이 아니라 몸이 반응하고 머리가 기억해야 할 정도로 스며들어야 하며, 그렇게 형성된 독서 습관은 읽는 삶으로 연결된다. 읽기로 일상을 보내는 시간은 위대하다.

"독서는 서서히 스며드는 활동일 수도 있다. 의식 깊이 빨려들긴 하지만 눈에 띄지 않게 서서히 용해되기 때문에 과정을 몸으로 느낄 수 없을지도 모른다."

_『문학적 건망증』, 파트리크 쥐스킨트

다시 어떻게 읽을 것인가

살아가면서 특별히 문해력이 낮거나 대화의 질이 떨어졌던 적은 없었다. 중학생 수준만 되어도 글을 읽고 이해하는 데 생활에 불편함을 못 느낀다. 글을 읽을 수 있으나 읽지 않는 시대에 사는 우리는 불편함이 없으니 책을 읽지 않는다. 하지만 배경 지식과 어휘력, 문맥에 대한 이해력 부족은 결국 책 읽기를 하지 않는 결과에서 비롯된다.

한국의 유튜브 월간 사용자는 4,547만 명, 1인당 평균 사용시간은 43시간으로 종주국인 미국(24시간)을 크게 앞선다. 유튜브의 국내 통신망 트래픽 비율은 28.6%로 넷플릭스(5.5%), 메타(4.3%), 네이버(1.7%), 카카오(1.1%)로 나타났다.

_<시사저널 1818호> 중

또한, 디지털 매체의 빠른 성장으로 인하여 책으로 눈을 돌리기에도 역부족이다. 책맹은 책을 읽을 수 있는 능력은 있지만, 책을 읽지 않는 사람을 뜻한다. 책이 좋은 것을 알면서도 왜 읽지 않을까. 귀차리즘, 텍스트의 지루함, 따분하고 재미없음 등 우리 생활에 필요 이상으로 와닿지 않는 도구로 인식되는 것이 가장 큰 문제다.

언어 심리학자 마크 세이덴버그는 "과거에는 읽는 법을 배우지 못해서였지만, 지금은 우리의 관심을 사로잡는 다른 많은 것이 생겼기 때문이죠."라고 말했다.

성인은 책을 읽지 않는 이유가 책이 아닌 다른 콘텐츠 이용, 일 또는 공부 때문에, 책 읽는 습관이 안 되어서, 다른 여가 활동으로 시간이 없어, 책 읽을 마음의 여유가 없어서라고 한다. 학생의 경우는 학업 때문에 책 읽을 시간 없어서, 책 읽는 습관이 안 되어서, 모바일, 인터넷 게임을 하느라 읽을 만한 책이 없어서, 어떤 책을 읽을지 몰라서 등의 순으로 조사결과가 나왔다. 여러 이유가 있지만 '읽을 시간과 습관의 문제'가 가장 중요한 이유인 것 같았다. 책을 읽고 도파민에서 나오는 즐거움을 맛보는 것이 중요하다. 그 과정에서 책 읽는 습관은 자연스럽게 맛닿아진다.

'판매 중: 아기 신발, 한 번도 신지 않음(For Sale: Baby Shoes, Never worn).'

'상상력'이 자극되는가? 또는 슬픈가?

미국 소설가 어니스트 헤밍웨이의 여섯 단어로 된 초단편 소설이다. '머릿속에 어떤 이야기가 그려지는가?'라는 질문이 독서의 시작이다. 헤밍웨이의 초단편 소설을 통해 생각하고 환기하는 '깊이 읽기'의 힘을 이해해 볼 수 있다. 깊이 읽기의 힘은 독자의 상상력을 자극한다. 초단편 소설에서 느끼는 책의 힘을 느끼는 시간을 가져야 한다.

디지털 도파민 중독에서 벗어나기

문해력과 독서 경험의 부족으로 인한 어휘력과 배경 지식의 부족은 21세기 난독증으로 주목받았다. 또한, 정보 과잉으로 인한 집중력의 감소로 책을 접할 기회가 부족했다.

요즘 SNS 등 온라인의 짧은 글을 통해 지식과 정보를 습득하는 시간이 많아지고 있다. 그렇지만 지식의 보고인 책을 무시할 수 없다. 다양한 지식을 쌓아가는 것이 중요한 이유는 자신만의 지식으로 무장하는 것도 있지만 사회가 나아가는 데 중요한 도구의 역할을 하기 때문이다.

독서 투자야말로 가장 우선해야 할 국정 과제다. 책 덕후들이 많아지고 훌륭한 독자가 많아져야 우리의 국격이 높아지고 독서 선진국으로 나아갈 것이다.

언어학자 나오미 배런의 『다시 어떻게 읽을 것인가』에서 "변화하는 시대에 읽기의 도구도, 개념도 새롭게 확장한다. 가장 중요한 것은 읽기를 통해 얻고자 하는 가치가 무엇인지를 아는 것이다."라고 했다. 읽기를 통해 얻고자 하는 가치는 무궁무진하다. 삶을 바라보는 관점이 달라진다는 것은 우리가 바라보는 모든 것들을 새롭게 받아들이는 것이다. 책을 읽는다는 것이 단순해 보여도 그 속에서 흐르는 깊은 사고, 생각의 도구들이 엄청난 무기를 만들어낸다. 책을 읽지 않는 시대에 우리는 무엇을 바라보아야 하는가? 여전히 어떤 책들은 사람들의 일상에 날카롭게 파고들어 새로운 이야기를 만들어 내고, 삶의 즐거움을 끌어낸다.

책 읽기에 간절함이 없기 때문일까? 책 읽기가 중요하지 않는가. 단순한 질문에서 출발해 보면 독서를 하지 못한 이유는 우리 생활에 불편함이 없고 '디지털 도파민' 중독으로부터 헤어 나오지 못하고 있기 때문이다.

책을 읽지 않아도 되는 시대에 살고 있다는 것. 책이 사라지고 사고를 위한 질문이 사라진다는 것은 생각만 해도 끔찍한 일이다. 디지털 도구의 노예가 되는 일은 시간문제다. 그만큼 책을 읽고 싶은 간절함을 방해하는 요인이 많다.

읽는 방식보다 보는 방식에 익숙한 시대에 살고 있기에 우리에게 필요한 것은 책 읽는 방식을 넓혀가는 습관이 중요하다. 책을 읽지 않는 시대의 우리에게도 책을 읽어야 할 이유가 100가지는 넘을 것이다. 책을 읽게 하는 해법은 없다. 다만, 우리에게 필요한 것은 책 읽는 간절함을 넘어 읽고 느끼는 양면성을 어떻게 책의 이끌림으로 담아낼 것인지 고민하는 일이다. 이는 책을 읽지 않은 시대에 중요한 화두가 되어야 한다.

독서 리터러시의 역량을 키워라

유튜브, 웹 소설, 15초 이내 짧은 동영상 숏폼이 대세를 이루다 보니 긴 글이나 영상보다 짧은 영상과 글을 선호한다. 짧은 시간 안에 많은 정보와 글을 흡수하여 읽는 내내 빠르게 정보를 습득할 수 있다. 습득에만 몰두하는 읽기는 글과 언어를 비판적으로 사고하는 독자로 성장시킬 가능성이 빈약하다.

이처럼 짧은 글에 익숙한 세대일수록 긴 글을 읽어 나아가는 것이 힘들고 사고의 시간도 길지 않다. 깊은 사고 과정이 없어 문해력은 떨어지고 사고력은 결핍되는 상태가 된다. 무분별하게 노출될 수 있는 여러 유해 정보를 어떻게 다루어내야 하는지 지침이 필요하다. 유해정보를 거르고 판별할 수 있는 문해력을 높이는 힘의 원천에는 독서가 있다. 따라서 독서를 제대로 이용하고 활용할 수 있는 독서 리터러시 교육이 필요하다.

디지털 환경 시대에 필요한 것은 단순히 글을 읽는 행위가 아니다. 비판적으로 생각하고 사유를 만들어가는 독서 리터러시가 중요하다. 읽는 행위에 한정되지 말고 내용을 이해하고 비판하고 체화하는 과정까지 복합적으로 결합한 역량을 키워야 한다. 독서 리터러시의 개념을 익히고 어떤 방향으로 흘러가고 나아갈 것인지 다시 한번 되짚어봐야 한다.

리터러시(literacy)는 기본적으로 문자를 해독하고 문맥을 이해하는 능력을 말한다. 그러나 이는 단순히 글을 읽고 이해하는 것을 넘어서, 정보를 분석하고, 비판하며, 적절하게 사용하는 능력을 포함한다. 이 능력은 21세기 디지털 시대에 살아가는 우리에게 필요할 역량이다. 즉, 요점은 글자를 읽고, 쓰고, 말하는 능력과 디지털 환경에서 정보를 찾고, 이해하고, 사용하는 능력을 강화하는 데 있다. 이 모든 것을 포괄하는 능력이 독서 리터러시다. 독서로 할 수 있는 역량은 폭넓다. 지식과 정보뿐만 아니라 자기 회복감과 자아 존중감, 동시에 타인의 공감 능력을 높여주어 개인과 사회가 나아갈 도구로 인식되어야 한다.

송경진이 쓴 『도서관과 리터러시 파워』에서는 “말과 언어를 읽는 능력이 아닌 세상을 비판적으로 읽는 가장 기본적인 능력을 키워야” 함을 강조했다. ‘리터러시(literacy)’란 단순히 글을 읽고 이해하는 능력이 아니다. 다양한 매체와 첨단 기술이 발달한 지금 의사소통을 잘하기 위해서 복합적 역량이 요구되는 것이다. 사회 전반의 리터러시가 좋아져야 공론하는 민주적인 의사결정 과정이 건강해지고 깨어있는 시민사회를 만들 수 있다.

개개인의 사회적 리터러시 역량을 향상할 수 있는 종합적이고 보편적인 서비스를 하는 곳이 도서관이어야 한다. 도서관은 작고 세세한 부분까지 이용자를 위한 이용자를 향한 사회적인 리터러시 역량을 활용할 수 있는 공공 공간이 되어야 한다. 소통하고 공유하는 리터러시처럼 좋은 문화를 만들어가는 과정이 우리가 해내야 할 할 중요한 일이며 역할이다. 독서는 미래의 중요한 도구로써 중추적인 역할을 함으로 삶 속에서 실천할 수 있도록 한다. 소통하고 익히고 배우는 단단한 독서 리터러시가 체계화될 수 있도록 노력해야 한다.

특히 독서 리터러시의 과제를 잘 해결하는 곳이 도서관이어야 하는 만큼, 도서관은 독서를 가장 가치 있게 다루어야 할 의무가 있다. 우리가 키워온 문명의 성장은 얼마나 충실하게 공공 도서관을 지원하느냐에 좌우될 것이라고 했던 칼 세이건의 말처럼, 가장 기본적인 독서 과정과 그 가치를 다루는 곳은 도서관이 되어야 한다.

독서를 개인의 자유로운 행위라 하지만 사회의 질을 높일 수 있는 독서는 디지털 환경에서 깊고 넓게 생각하는 역량을 키우기 위해 필수적이다. 따라서 독서 리터러시는 오늘날 매우 중요한 도구로 인식되어야 한다.

챗GPT를 활용하는 법

매년 학기 초 3~6학년 대상으로 도서관 이용교육 시간에 챗GPT(ChatGPT: 대화형 인공지능 챗봇) 활용법을 알려 주었다. 이용하는 방법과 질문의 중요성, 외국 사례를 바탕으로 한 표절과 지식재산권 침해 등 초등학생에게 필요한 것들만 설명해 줬다. 교육한 후 검색용 컴퓨터에 챗GPT를 설치해 놓았다. 처음에는 단순히 지식이나 정보를 묻는 용도에 치중했었다. 하지만 활용하는 빈도수가 점점 늘어나면서 처음보다 명확한 질문을 쏟아냈다.

"김상혁은 친구를 좋아하고 믿음이 가는데 그렇다면 MBTI는 무엇인가요?"

"인간이 너에게 의존할 때 최악의 시나리오는?"

"디스토피아와 유토피아가 공존하는 세계의 책을 써 봐."

"원주율을 소수점 500 자릿수까지 말해봐."

"반장선거에서 발표 잘하는 방법은 뭐야?"

"3D 운전 교실 게임은 언제 출시되었나요?"

"초등학생 5학년 남자 학생에게 재미있는 동화책 추천해 줄래?"

도움이 되었다는 학생도 있었고 전혀 도움이 되지 않았다는 학생도 있었다. 챗GPT를 이용한 학생들은 오래 생각하지 않았고 검색결과에도 많은 시간을 할애하지 않았다. 단어 몇 개만 넣으면 챗GPT가 문장을 완성해 주어 단순히 정보전달의 역할에만 그쳐 깊이도 없다. 챗GPT가 초등학생에게 정보를 습득하는 도구에서 벗어나 문제해결 능력을 기르고 명쾌하게 질문하는 습관을 만드는 등의 학습 도구로 활용될 수 있도록 기초적인 가이드라인이 필요했다. 코딩 학습처럼 기초가 튼튼해야 온라인 안 세상에서 자신의 상상을, 질문을 마음껏 펼칠 수 있기 때문이다.

챗GPT는 우리에게 독서의 가능성과 재미를 넓혀주는 도구이지만, 독서의 목적과 가치를 대체할 수 있는 대상은 아니다. 더욱 중요한 것은 올바르게 활용할 수 있는 방법을 익히는 것이다. 이를 해결하는 중요한 도구가 독서다. 독서는 갇혀있는 자기 생각을 의문을 갖고 풀어낼 수 있게 한다. 책을 읽고 문해력과 사고력, 질문력을 키워야 제대로 된 질문의 방향을 잡을 수 있다.

문제해결사 역량을 키워라

초등학생 때는 스스로 질문하고 토론하는 과정을 연습하고 훈련하는 자세가 챗GPT 시대에 중요한 습관으로 자리 잡아야 한다. 독서를 하지 않고서는 좋은 질문으로 연결되지 못한다. 좋은 질문을 만들어내지 못하면 챗GPT가 내놓은 답도 정교하지 않아 오류가 발생할 가능성이 크다. 답을 자기만의 방식으로 풀어내는 능력도 '독서'를 해야 의미가 새롭게 연결된다. 챗 GPT에 의존하거나 단순히 정보 제공만의 목적으로 활용한다면 의미가 없다. 활용의 목적을 이해하고, 충분한 독서가 뒷받침되어야 가능한 일이다. 학교 수업 현장에도 챗GPT를 경험하도록 하여 생각의 다양성을 심어주고 활용 방법 중 독서의 중요성을 강조해야 한다.

초등학생들에게 독서를 하지 않고서는 챗GPT를 활용할 수 없다는 근거와 믿음을 심어주어야 한다. 질문을 분석하고 답의 오류를 찾아내는 과정을 꾸준히 연습하고 활용하는 교육이 선행되어야 한다. 이는 챗GPT 시대에 나의 경쟁력이 되고 더 나아가 국가 경쟁력의 밑거름이 될 것이다.

변창우의 『인공지능 시대 무기가 되는 생각법』에서 "질문에 맞는 질문을 하고, 다양한 관점에서 최적의 해결책을 도출하고 실행해 낼 수 있는 문제 해결 역량을 키워라!"라 했다. 저자의 말처럼 최적의 질문을 통해 해결 과정을 만들어내는 '문제해결사'가 되어야 한다. 챗GPT 시대에 책 읽기를 통해 꼼꼼하게 '질문'하고 답을 찾아가는 문제해결사 역량을 키워가야 한다. 어떻게 질문하느냐에 따라 챗GPT의 답변은 전혀 다른 고도의 답으로 우리를 놀라게 하지 않을까.

챗GPT 일반적인 질문의 예

챗GPT 시대에 왜 책을 읽어야 하는가?

똑똑한 질문은 어떤 질문인가?

인간은 인공 로봇에게 존속되는가?

챗GPT 열린 질문의 예

챗GPT 시대에 책을 읽지 않으면 우리 인간의 삶은 어떻게 변하는가?

초등학생들이 인공지능과 친해지려면 어떻게 질문해야 하고 학습해야 하나?

인간이 책을 읽지 않으면 로봇에게 어떤 방식으로 존속되는가?

챗GPT와의 실제 대화 사례

Q. 챗GPT 시대에 왜 책을 읽어야 하는가?

챗GPT: (중략) 결론적으로, 챗GPT 시대에 책 읽기는 인간만이 할 수 있는 깊이 있는 사고와 감정, 그리고 지적인 성장의 과정을 유지하는 데 필수적인 활동입니다. AI는 훌륭한 도구이지만, 인간적인 성장과 성찰을 위한 책의 가치는 여전히 대체할 수 없습니다.

Q. 챗GPT 시대에 책을 읽지 않으면 우리 인간의 삶은 어떻게 변하는가?

챗GPT: (중략) 책을 읽지 않는 삶은 단기적으로 편리하고 효율적으로 느껴질 수 있지만, 장기적으로는 사고의 깊이, 창의성, 공감 능력, 그리고 인간다움이라는 중요한 요소를 약화시킬 수 있습니다. 챗GPT와 같은 기술은 강력한 도구이지만, 인간의 삶을 풍요롭게 만드는 데 있어 책이 가진 고유한 가치는 여전히 대체할 수 없습니다. 따라서 AI 시대에는 책 읽기와 같은 활동을 통해 인간 고유의 능력을 유지하고 발전시키는 노력이 필요합니다.

보이지 않는 고릴라

책을 읽는다는 자체에서만이라도 알 수 있듯이 책은 우리의 삶에 중요하다. 하지만 요즘처럼 읽지 않는 시대에 책이 얼마나 필요한지를 설명하여도 귀에 들어오지 않을 것이다.

우리는 눈에 보이는 것만 따라가는 경향이 있다. 유교 경전인 『대학』에 나오는 내용 중 "마음이 있지 않으면 보아도 보이지 않고 들어도 들리지 않고 먹어도 그 맛을 알지 못한다."라는 말이 있다. 하고자 하는 마음이나 관심이 없으면 어떤 일을 하든 참된 성과를 거둘 수 없다는 뜻이다.

미국의 인지심리학자 크리스토퍼 차브리스와 대니얼 사이먼스는 1999년 '보이지 않는 고릴라(Invisible Gorilla)' 실험을 했다. 참가자들에게 흰옷과 검은 옷을 입은 팀이 농구공을 패스하는 1분짜리 영상을 보여주고 흰옷 팀의 패스 횟수만 세라고 했다. 영상에는 고릴라 옷을 입은 여학생이 9초간 무대 중앙으로 걸어 나와 카메라를 향해 가슴을 두드리는 장면이 있었다. 그러나 참가자 절반은 고릴라를 보지 못했다. 인간에겐 자신의 기대와 일치하는 것, 즉 보고 싶은 것만 인식하는 경향이 있다는 '선택적 인지'를 입증한 대표적인 실험이다.

"아는 만큼 보인다."라는 말도 이 현상을 나타내는 말로 생각할 수 있다. 보고 싶은 것만 보거나 근거 없는 자신감에 휘둘리는 일상의 착각은 누구도 피할 수 없다.

그런 의미에서 독서를 하지 않아도 삶에 아무런 문제가 없다는 착각과 일반적 오류를 범할 가능성이 크다. 책을 읽는다는 것은 끊임없는 자기 발견의 시작이다. 보고 싶은 것만 보는 것이 아니라 책이 가진 능동적인 사고를 습득하는 과정이 수행된다. 책을 읽으면 내가 바라보는 세상의 이치만큼이나 내가 나를 바라보는 관점이 달라진다. 책 속의 인물이나 내용을 통해 나 자신을 더욱 자세히 들여다볼 기회를 얻는 것도 중요한 독서의 장점이다.

아직도 독서를 망설이는 비독자는 보이는 것만 쫓지 말고 보이지 않지만 읽는 습관이 중요함을 인지해야 한다. 나 자신을 행복에 이르게 하는 독서는 삶을 살찌운다. 당장 결과가 드러나지 않지만, 우리 사고의 힘은 언제 어디에서나 그 효과를 배가시킬 것이다. 우선 말과 글이 자기 자신의 삶으로 들어올 수 있고 삶을 바라보는 눈이 넓어지는 경험을 할 수 있다.

세상을 바꾸는 힘은 불편한 고민에서 시작된다. 보이지 않는 것을 보게 하는 눈이 필요하다. 독서도 불편한 고민, 즉 '왜 읽어야 하는가?'라는 질문에서 찾을 수 있다. 당장 눈으로 보이지 않는 것들을 볼 수 있게 할 수 있다는 착각은 누구에게나 있을 수 있다.

우리는 눈앞에 있는 곳을 쫓아가지만, 독서는 다르다. 독서는 삶의 의미를 찾아가는 과정이다. 책을 손에서 놓지 않는다면 책은 우리를 배신하지 않는다. 결국, 삶을 바라보는 안목을 키울 수 있고 우리의 일상을 편견 없이 넓은 사고로 펼쳐볼 힘이 길러진다.

독서의 힘은 '중요한 것은 보이지 않는다'는 데에서 나온다. 보이지 않기 때문에 읽다가 포기하는 독자가 많다. 하지만 이를 이겨내는 독자는 독서의 가치를 제대로 느낄 수 있다.

독서는 독자들에게 중요한 암시를 준다. 깨닫지 못했던 시기를 벗어나 독서의 참된 가치를 소유할 수 있는 시기가 반드시 온다는 것이다. 짧거나 길게 독서의 결과는 다르지만 중요한 암시를 준다는 그 자체로 독서는 중요한 메시지를 전달한다.

다볼 수 있도록 읽는 연습을 멈추지 말아야 한다. 그 과정에서 우리는 '인간답게 살아가는' 근본적인 독서의 힘을 배울 수 있다.

이현주의 『읽는 삶, 만드는 삶』에서 "책을 읽는다고 유능하거나 훌륭한 사람이 되지는 못한다. 모두 자기만큼의 사람이 될 뿐이다."라고 글을 남겼다. 자기만큼의 사람으로 성장하는 과정 또한 우리가 더 깊게 책을 읽어야 할 이유일 것이다.

읽는 사람과 읽지 못하는 사람

문화체육관광부가 공개한 '2023 국민 독서 실태조사'에 따르면 지난해 우리나라 성인의 종합독서율은 43%다. 전자책과 오디오북을 포함하여 1년에 한 권도 읽지 않은 성인이 10명 중 6명이다. 읽는 독자나 읽지 않는 비독자로 분명하게 나누어지지만 결국 읽지 않는 시대에 독자든 비독자든 오늘날 냉소적인 반응을 하게 되는 것은 당연하다.

분명 독서라는 좋은 무기가 있지만, 현실적으로 읽지 않아도 살아가는 데 아무 문제가 없다. 사회가 원하는 인재는 그 분야의 전문가이지 아무리 책을 많이 읽고 지적 가치가 높아도 쓸모가 없다. 사회의 무관심한 시선과 태도가 더 큰 문제로 다가온다.

당신은 읽지 못하는 사람입니까?

주변만 보아도 책을 읽지 않지만 책에 관심을 가지는 비독자는 많았다. 특히 난독증을 극복한 인물의 사례도 있다. 난독증(dyslexia)은 지능에 문제가 없는데 글을 읽고 이해하는 능력이 안 되는 사람을 말한다. 난독증의 정식 의학적 명칭은 '읽기 장애'다. 골든글로브를 수상한 배우 조 샐다나, 스파이더맨의 주인공 톰 홀랜드, 천재 물리학자 리처드 파인먼, 정신분석학자 지그문트 프로이트는 같은 문장을 몇 번이고 다시 읽어가는 강한 '열망'과 '분투'로 난독증을 극복했고 이겨냈다. 난독은 차이만 있을 뿐 누구나 노력하면 극복하고 독자로 성장할 가능성이 충분하다. 잘 읽지 못해도 읽고 있는 그 순간에 '잘하고 있어요.'라는 칭찬의 한 마디만 있다면 말이다.

어린이들도 책을 좋아하는 독자와 비독자로 나눌 수 있다. 당장 독서가 중요하게 와닿지 않는 이유는 대화와 토론, 놀이에 아무 문제가 되지 않기 때문이다. 독서를 멀리하는 것이 자연스러운 현상이 되어버렸다.

매슈 루버리가 쓴 『읽지 못하는 사람들』에서 "지각, 언어처리, 주의력, 해독, 이해 등 당연하게 느껴지는 단계 하나만 누락되어도 읽기는 불가능해진다."라고 말한다. 이런 단계에서 오는 불편함만이 독서를 거부하게 만드는 건 아닐 것이다. 책 그 자체에서 오는 거부감이 더 크다.

어릴 적 책을 친근하게 접한 어린이는 도서관이나 책방, 책에 관심이 많다. 하지만 갈수록 심해지는 독서환경의 변화에 적응하지 못하는 경우도 많았다. 이들에게 책 읽는 의욕을 만들어줄 역량이 없는 현실에서 우리는 무엇을 준비하고 알릴 것인가.

읽기를 바라는 열망은 어디에서 올까. 절반 이상의 교과서를 이해하지 못하는 학생에게 구태의연하게 책 읽기를 강요한 건 아닌지 반성의 시간이 필요하다. 읽는다는 것은 복합적 행위에 해당한다. 자율적인 생각과 사고, 뇌의 변화로 인한 인식의 전환 등 나의 세계를 알아가며 받아들이게 되는 지혜를 가지게 된다. 나의 세계를 지탱하는 기둥을 만드는 것은 결국 독서밖에 없다. 읽기를 바라는 열망만 있으면 독서 기회는 자연스럽게 열린다.

C.S. 루이스의 『책 읽는 삶』에서 "책을 읽지 않는 친구와 대화해 보면 이 점이 제대로 와닿는다. 안타깝게도 그의 세계는 너무 작다. 우리라면 아마 그 속에서 숨이 막힐 것이다."라고 말한다. 사람은 자기 자신의 틀 안에서 세상을 바라본다. 책을 읽지 않는 사람은 좁은 세상에 갇혀있다고 평가되지만, 책을 좋아하는 이는 시야가 넓고 가능성이 크다는 긍정적인 인식으로 바라보게 된다.

이렇듯 책 읽기의 열망은 우리가 바라는 그 이상의 세계를 바라보게 한다. 우리가 가지 못했던 또 다른 세계의 시야를 가진다는 것은 책 읽는 사람만이 누릴 수 있는 특권이다. 이 사소하고도 지극히 개인적인 독서를 불확실한 환경 속에서도 지속해서 접해보는 사람이 되어보는 건 어떨까.

헨리 데이비드 소로는 "책을 읽음으로써 인생의 새로운 시대를 맞이한 사람이 얼마나 많은가."라고 했다. 새로운 시대를 살아가는 우리에게 책을 읽는다는 것은 더 나은 삶을 그려가는 위대한 일이다. 이 얼마나 행복한 일인가.

메타인지 독서법

우리는 별일이 있으나 없으나 책을 읽지 않는다. 일상에서 책은 중요한 의미의 수단이 아니었다. 현실에서 중요한 것은 돈이고, 하루하루 살아가는 평범함 속 익숙함이다. 궁금한 것은 인터넷에 다 나와 있으니 무엇이 걱정이겠는가. 요즘 성인의 독서율이 낮고 문해력이 떨어져도 책맹, 독서 소멸이라는 단어는 현실의 문제와는 직결되지 않았다. 결국, 우리는 살아가는 데 책과 독서를 등한시할 수밖에 없다. 유튜브, 숏폼, SNS, 릴스, OTT, 틱톡 등 삶을 유익하게 만드는 다양한 디지털 콘텐츠는 정보를 습득하고 일상의 즐거움을 해결하는 데 우리 삶에 깊숙이 뿌리내리고 있었다. 짧은 영상은 긴 글의 텍스트와는 구별되기 쉽고 흥미진진하여 인기가 많을 수밖에 없었다. 그렇다고 영상 플랫폼이 생각의 언어를 채워 줄 수 있냐는 의문이 든다. 온라인 커뮤니티의 조롱이나 혐오 글 등과 같이 사회문제 해결은 어디에서 출발해야 할까. 이 또한 독서가 답이다.

책에서 멀어지는 이유는 성인은 시간이 없어서, 학생은 흥미를 느끼지 못해서라는 결과가 매년 되풀이되고 있지만 쉽게 바뀌지 않는 흐름은 논쟁의 대상이 될 뿐, 시대가 변해도 달라지지 않는다.

책을 읽고 토론하고 이야기를 나누고 서평을 쓰는 다양한 활동을 경험하며 실천하는 삶을 통해 여전히 독서가 필요하고 의미 있다는 것을 알 수 있었다. 여러 독자와 함께 나누는 주제는 많았다. 우리가 처해 있는 곳에 늘 책은 존재해 왔었고 도움을 주었다. 보이지 않는 비물리적 영역에서 독서를 통해 인문학을 배워 가고 있다. 인문학을 배워 가는 것은 삶에서 중요하게 다가오고 있다. 이제 독서라는 경험을 통해 비정상을 정상으로 바로 잡아보는 감화의 시간을 가져보라.

독서만으로 삶에 큰 변화를 바라지는 않는다. 사람과 책에서 배우는 모든 순리를 단단하게 엮어가는 것은 독서 과정의 일부분일 뿐이다. AI 시대에 더 쉽고 빠르게 정보를 접하는 환경에서 책이 가진 콘텐츠의 경쟁력은 점점 약해지고 있다. 어떤 방향으로 책의 가치를 높일 것일지 그 고민은 깊어질 수밖에 없다.

수많은 정보의 바다에서 사고의 방향을 잃어버리는 것은 어쩌면 당연할지도 모른다. 그러니 우리가 사고할 수 있고 지혜를 습득할 수 있는 정보는 책에서 얻어야 한다. 인공지능과 다른 지적, 정서적 능력을 갖출 수 있게 하는 것이 '독서'뿐이기 때문이다.

등한시할 수밖에 없는 책이라는 대상에서 더 가치 있는 것들을 질문하고 생각하게 하는 변화를 만들어가야 한다. 개인적 일상뿐만 아니라 사회가 해결해야 할 다양한 문제를 깊이 있게 다룰 수 있어야 한다.

인공지능과 달리 인간의 고유한 질문을 통해 양질의 대화가 가능해야 한다. 양질의 대화는 인간의 유연적 사고와 가치를 높여 더 좋은 시너지 효과를 발휘할 수 있게 한다. 미국 대통령 링컨(A. Lincoln)은 “한 권 읽는 사람은 책을 두 권 읽는 사람에게 지배당한다.”라고 말했다.

그만큼 독서를 하면 할수록 창의적인 방안들이 다양하게 도출되어 인공지능을 다루는 힘을 얻을 수 있다. 예측 불가능한 시대에 독서가 지닌 창조성은 미래의 투자 창출로서의 가치가 매우 높다. 세계를 구할 시간이 딱 1시간만 주어진다면 어떻게 하겠느냐는 질문에 아인슈타인은 “문제가 무엇인지를 규정하는 데 55분을 쓰고, 해결책을 찾는 데 나머지 5분을 쓰겠다.”라고 말했다.

질문하는 인간

AI 시대가 요구하는 통용되는 정답을 찾는 데 필요한 것이 바로 질문이다. 질문의 핵심을 파고들고자 한다면 ‘생각에 관한 생각’을 의미하는 메타인지(meta-cognition) 능력이 발달한 사람일수록 학습 능력이 탁월하다. 메타인지를 활성화하는 방법은 결국 질문하는 인간이 할 수 있는 '메타인지 독서'가 중요하다. 『공부의 달인 호모 쿵푸스』을 쓴 고미숙 저자가 "질문의 크기가 내 삶의 크기를 결정한다."라고 했다. 이 말은 스스로 질문을 던지고 자신의 질문을 확장하는 밑받침에는 독서가 반드시 뒤따라야 함을 의미한다.

"한 끼에 수십억 원이 드는 워런 버핏과의 점심 식사는 어떤 가치가 있을까."라는 질문 속에서 그로부터 얻은 삶의 지혜와 혜안은 금전적 가치를 매길 수 없다는 사실을 깨닫게 된다. 질문의 가치가 높을수록 내 삶의 품격은 값으로 따질 수 없다. 미국 시인 커밍스는 "아름다운 질문을 하는 사람은 언제나 아름다운 대답을 얻는다."라고 말했다. 어떤 질문을 하느냐에 따라 삶은 달라진다. 위대한 질문이 위대한 답을 얻게 만든다는 사실처럼 질문은 매우 고귀하다.

"특이점이 온다!" 미래학자인 레이 커즈와일의 말이다. 그는 인공지능이 사람의 지적 능력을 뛰어넘는 순간을 특이점에 비유했다.

앞으로 인공지능이 비약적으로 발전해 인간의 지능을 뛰어넘는 특이점을 마주할 것인데, 그 이후의 예측은 불가능하다는 것이다. 인간의 특이점은 노력 없이 불가능하지만, 인공지능은 특이점을 넘어 예측 불가능의 가능성까지 뛰어넘는다는 사실에 놀랄 일이다.

예측 불가능한 가능성을 뛰어넘는 인공지능보다 우리는 인간만이 지닌 특이점, 즉 책 읽는 사람을 뛰어넘을 수 없음을 기억해야 한다. 불확실성의 시대에서 인공지능을 이길 수 있는 유일한 특이점은 '독서'밖에 없을 것이다.

결국, 독서란 비판적 사고력, 창의력, 인간성, 심리적 안정 등을 키워줌으로써 AI 시대를 살아가는 데 필요한 역량을 제공한다. AI 기술을 활용하여 독서 경험을 향상하는 노력과 함께, 독서를 통한 인간만의 역량을 키워나가는 것이 중요한 방향성이다. 인공지능 시대, 독서가 필요한 이유다.

독자생존 시대

"환경에 적응하는 생물만이 살아남고 그렇지 못한 것은 도태되어 멸망한다." 적자생존(適者生存)은 인간의 사회적 생존경쟁 원리를 함축한 사회 철학적 정의다. 나는 급변하는 21세기 사회적 흐름 속에서 "읽는 자가 변화하는 환경에 적응해 진정으로 살아남는다."라는 의미의 독자생존(讀者生存)을 이야기하며, 독서의 새로운 패러다임을 제시할 대기획 교육 다큐멘터리 〈독자생존〉 5부작을 시청했다. 인공지능 시대의 도래로 불확실해진 상황에서 인간만이 지닌 고유한 능력 '독서'로 유연하게 대처할 수 있는 생존의 답을 찾아보았다. 왜 책을 읽어야 하는가에 대한 이유는 추측이 아니라 '과학'으로 증명된 '사실'이기 때문이다. 1부에서는 '감속 노화의 비밀'이 방영되었다. 110세의 노익장 에디스 스미스와 다수의 80~90세의 슈퍼 에이저들을 만났다. 그들은 공통적으로 꾸준한 독서를 하는 독서광이었다는 점. 그리고 세계 최장수국인 일본에서도 건강수명 1위를 자랑하는 야마나시현을 보면 스포츠 참여율은 전국 최하

위지만 놀랍게도 도서관과 서점이 가장 많은 전국 1위다. 운동보다 독서가 건강수명에 더 많은 영향을 미친다는 것이었다. 책 속 세상에서 만난 것들이 기억력을 향상시키고 노화를 방지하는 데 탁월했다는 것이 놀라웠다.

어떻게 독서가 노화를 막을 수 있는 것일까? 한지원 교수는 이미 뇌의 노화가 어느 정도 진행된 사람이라도 독서 등의 노력을 통해 노화를 지연할 수 있다고 말한다. 어느 정도의 노화나 손상에도 불구하고 인지 기능을 유지할 수 있게 하는 [7]'인지 예비능'이 존재하기 때문이다.

책방에 가고 도서관을 방문하고 책을 읽고 대출하는 일과 그림책 낭독, 비블리오 배틀, 독서 모임 등 책과 관련한 모든 활동은 아주 단순해 보여도 그 이상의 가치를 지닌다. 사회적으로 독서문화를 누리는 활동이야말로 우리가 바라는 독서의 행위다. 독서행위는 뇌를 자극하고 인지능력을 향상하고 노화를 방지하고 건강한 노년을 보내는 데 상당한 도움을 주고 있다.

7 인지 예비능(cognitive reserve)은 뇌에 병적인 문제가 나타나도 이를 견디게 하고 기능을 유지하게 해주는 능력을 말한다. 인지 예비능이 잘 갖춰진 노인의 뇌는 치매에 걸려야 마땅한 상황에서도 이에 저항한다.

공감 능력을 키운다면

2부 '공감의 열쇠'에서는 갈등과 혐오가 만연한 시대, 이전보다 더 많은 사람과 연결되어 있지만 동시에 그 어느 시대보다 깊이 단절된 사회, 상대를 이해하고 감정을 공유하는 '공감 능력'이 중요한 시대가 왔음을 전했다. 책을 읽고 공감 능력을 기르고 타인을 이해하는 마음을 가진다는 것은 생활의 유익함을 보장하는 것을 넘어 다양한 생각의 영역을 넓혀가는 시너지 효과가 있다. 그런 의미에서 공감은 우리가 살아가는 데 매우 유용한 행위다.

그 예로 영국 웨일스의 펨브록 독 커뮤니티 초등학교는 4년 전부터 학생들에게 독서를 통한 공감 수업을 진행하고 있다. 아이들은 수업시간에 인종차별과 장애인, 노숙자 문제 등의 책을 읽고 등장인물과 자신의 감정을 연결하고, 직접 행동으로 옮기며 사회에 관한 관심을 키워간다. 장애물이 있는 놀이터를 가진 지역 의원에게 직접 편지를 보내 장애물이 없는 놀이터로 바꾸는 모습을 통해서 공감의 힘을 엿볼 수 있다. 특히 교도소에서 재소자들을 대상으로 독서 모임, 책 읽기를 한 결과 재범률이 상당히 감소했다는 사실이 놀랍다. 이현 작가의 『푸른 사자 와니니』를 읽고 공감 수업을 진행하는 도화초 6학년 아이들의 공감 능력은 놀랍게도 서서히 나와 타인을 이해하는 독서를 통해 확연히 나타났다.

독서로 공감 능력을 키운다면, 정반대의 의견을 가진 사람들 사이에도 공감대를 형성할 수 있지 않을까? 정년연장, 성과에 따른 임금 차등, 장애인 지하철 시위라는 첨예한 주제에 반대의 의견을 가진 대상자와 같은 책을 읽고 토론하여 공감하는 시간을 가진다. 독서가 공감 능력을 향상해 사회 갈등 해소와 공존의 실마리가 될 수 있음을 알 수 있다.

학교 공부에 바빠 책 읽을 시간이 없다는 아이들, 입시 준비에 바쁜 학생들에게 독서는 사치일까. 학생들에게서 독서의 자리가 점점 밀려나는 시대, 하지만 여전히 책을 읽고 있는 아이들에게는 어떤 힘이 있을까. AI 시대에 우리는 어떻게 해야 생존할 수 있을까. 이 무수한 의문을 가지고 우리는 배움의 중요한 도구인 독서를 3부 '공부의 힘'에서 살펴본다.

독서는 훌륭한 학습 도구다

미국 캘리포니아주 퍼시픽림 초등학교는 캘리포니아주에 있는 5,534개의 초등학교 중에서 전체 평가 10위를 차지할 만큼 학생들의 학업 성취도가 좋은 학교다. 이 학교에서 강조하는 것은 독서교육이다. 독해 수업시간에 교과서가 아닌 소설책을 읽는다.

[8]『에스페란사 라이징(Esperanza Rising)』이라는 소설을 읽으면서 밑줄을 긋고 생각을 메모하고 모르는 단어나 문장을 찾는 과정을 통해 단순한 감상을 평하는 것이 아닌 내용을 분석하여 정리하는 활동을 한다.

아이들은 책을 읽으며 빼곡하게 자기 생각을 메모하는데, 이것은 퍼시픽림 초등학교 독서교육의 중요한 부분이다. 아이들은 이런 체계적인 독서교육을 통해 학습의 기초를 쌓으며 학습 능력을 확장하고 있다. 독서는 모든 학습의 기초가 된다.

그렇다면 독서는 아이들의 학습 능력을 어떻게 변화시킬까. 고양 원흥 초등학교에서 5~6학년을 대상으로 10주간 함께 책을 읽고 변화를 살펴보는 읽기 프로젝트를 실시했다. 책에서 모르는 단어와 문장의 흐름을 파악하고, 육하원칙을 세우고, 책 내용을 주제, 부주제, 세부 내용으로 나눈 뒤 손바닥 그리기 등 중심 내용을 구조화하는 학습 과정을 익혔다. 이를 통해 적절한 질문의 깊이와 해석을 만들어냈다. 이는 독서가 훌륭한 학습 능력 도구로 연결됨을 알 수 있다.

입학식 때 『유클리드 원론』을 제공하는 세인트존스 대학은 전공도, 교수의 강의도 없는 학교다. 고전 백 권을 읽고 토론하는 것이 대학 4년간

8 『에스페란사 라이징』은 멕시코에서 미국에 이민 온 소녀 에스페란사의 이야기를 통해 꿈과 희망, 그리고 가족의 소중함을 일깨워주는 감동적인 소설이다.

공부의 전부다. 이 모든 수업은 책을 읽고 학생들끼리 토론하는 형식으로 이루어진다. 독서 그 자체가 공부다. 이 대학의 졸업생을 살펴 보면 박사학위 취득률이 미국 전체 상위 2%에 달하며 법률, 금융 등 다양한 분야에서 활약 중이다.

독서 동아리 100개를 운영하는 홍천여고의 독서 모임 취지는 자신을 구체화하고 진짜 내가 누구인지를 찾아가는 과정에 있다. 독서 모임을 통해 학생들은 『죽은 시인의 사회』, 『수레바퀴 아래서』를 읽고 책의 경험을 살려 진로를 찾고 세상을 바라볼 수 있는 큰 그릇을 만들어간다. 독서는 입시 그 이상의 것을 만들어낸다. "사건, 문화도 텍스트야. 배움의 중요한 도구로 만드는 과정이 독서다."라는 말이 있듯이 말이다.

독서는 우리의 삶에 또 어떤 변화를 주었을까? 한강 작가는 매일 시집과 소설을 한 권씩 읽는다고도 했다. 프랑스 소설가 베르나르 베르베르, 소설가 황석영, 생물학자 최재천, 노벨 경제학상 수상자 제임스 헤크먼, 법의학자 유성호, 핀테크 기업 대표 이승건, 방송인 이동우와 김경식, 104세 철학자 김형석 등 9명의 인물을 만나 독서의 진정한 의미는 무엇인지 4부 '내 인생의 책 읽기'에서 다뤘다.

베르나르 베르베르는 외로움을 견뎌내기 위해 책에 파묻혀 지냈던 어린 시절을 비롯해, 어린 아들에게 책을 읽어주었던 수많은 날 등이 독창적 상상력의 토대가 되었음을 밝혔다. 특히 현재 작품 세계에 영향을 준 작가들이 있었는데, 그의 창의적인 상상력을 자극했던 작가들은 다름 아닌, SF의 대가 '아이작 아시모프', '필립 K. 딕', '프랭크 허버트'이다. 이 작가들의 작품은 그의 상상력의 토대이자 그의 방대한 저술을 돕는 풍부한 영양분이 되었다. 베르나르 베르베르의 독서는 "시 공간을 초월해 가는 여정, 또 하나의 세계"다.

소설가 황석영은 6.25 전쟁통 피난 행렬에서도, 베트남 전쟁참전 중에도 손에서 책을 놓지 않았다. 그에게 독서는 정신적인 피난처였다. 특히 베트남 전쟁에서 읽은 『모비딕』, 『악령』 두 권의 책에서의 독서 경험이 깊은 감동으로 기억되고 있다고 했다. 독서는 머릿속의 이미지로 그려나가는 상상력의 원천이라고 말했다. 디지털 시대에 자기만의 콘텐츠를 형성하는 책 읽기는 매우 중요하다고도 했다. 그의 독서는 "내면이 아주 단단해져 자기 내면을 극복하는 버팀목"이다.

생태학자 최재천은 독서를 통해 삶의 큰 변화를 겪었다. 노는 걸 좋아하던 소년 최재천이 우연히 접한 한 권의 책 동아백과사전으로 독서에 빠져들었다. 부모님이 사다 주신 세계단편문학전집에서 「모닥불과 개미」라는 솔제니친 단편을 만났던 것도 눈여겨볼 만한 지점이다. 잊고 지냈지만, 유학 시절 세계적인 개미 연구 교수들을 스승으로 만나고서 마치 운명 같은 기이한 인연에 얼마간 소름이 돋았다고 했다. 인생의 두 번째 책 리처드 도킨스의 『이기적 유전자』를 읽으며 특별한 환희로 의문을 풀어내는 사람이 되고 싶다는 생각을 했다. 그의 독서는 "끝없는 삶의 질문 속에 결국 해답을 찾아가는 것"이다.

노벨 경제학상에 빛나는 제임스 헤크먼은 2024년 현재 세계에서 세 번째 영향력 높은 경제학자로 손꼽힌다. 그는 독서 등 문화 예술 교육에 투자하는 것이 장기적으로 사회적 이득이 된다는 사실을 경제학적으로 증명했고, 이는 오바마 대통령의 빈곤층 자녀를 위한 '0~5세 계획'의 토대가 됐다. 세상을 숫자로 해석하는 경제학자가 사회적 문제에 관심을 가질 수 있었던 건, 독서로 인하여 공감 능력이 향상되었기 때문이다. 그의 독서는 "새로운 세상과 아이디어를 만나는 시간"이다.

법의학자 유성호 교수는 인간의 유연한 마음가짐, 직관, 융통성을 통한 법의학을 실천하고 있다. 그의 독서는 인간에 대한 이해에서 출발했다. 그의 인생 책은 빅터 프랭클이 쓴 『죽음의 수용소에서』이다. 어떤 상황에도 삶의 의미를 찾고 절망을 이겨내는 힘은 어디에서 올까. 그는 질문을 던지는 과정에서 답을 찾았다. 유 교수의 독서는 "소중하게 살아가는 직접적인 방법을 알려주는 도구"로써 시작된다.

핀테크 기업 이승건 대표의 도전에도 책이 함께 했다. 치대를 졸업한 후 안정적인 미래를 눈앞에 두고도 힘든 창업의 길로 들어설 수 있었던 이유는 수많은 고전을 읽으며 얻은 용기 때문이었다.『공화주의』,『로마제국 쇠망사』,『도덕경』 등의 책을 읽고 2천 명의 임직원이 함께하는 토론의 문화, 업무평가 제로, 전 사원 동일한 보상 등 독특한 조직문화를 만들었다. 그의 독서는 "생각을 통찰하고 새롭게 혁신하는 동력"이 되었다.

방송인 이동우와 개그맨 김경식은 "독서는 손을 놓지 않는 길동무"라고 말했고, 김형석 철학자는 "나는 누구이고, 무엇을 위해, 어떻게 살아야 하는가? 답을 독서에서 찾을 수 있다."라고 말했다.

인생에서 독서의 의미는 '나를 찾아가는 신나는 여정'이다. 그 여정에서 우리는 진정한 나를 발견한다. 책 속에서 이루어지는 평등은 가장 보편적이고 중요한 인간 권리의 영역이기 때문에 우리는 책을 읽고 사유해야만 한다. 그 속에서 질문하고 답을 찾는 시도를 끊임없이 삶과 연결해야 한다.

종이책과 디지털 읽기의 병행

모든 형태의 정보가 끊임없이 쏟아지는 시대에 '책을 어떻게 읽어야 하는가'가 다시금 중요해졌다. 5부에서는 AI 시대를 살아가는 현대인들의 읽기 습관을 확인하고 생존에 필수적인 요소인 읽기 방법을 알아보았다. 특히 목적과 상황에 맞게 종이책과 디지털 읽기를 병행하는 '양손 읽기'가 왜 중요한지 생각해 본다.

성인 한 명이 하루에 노출되는 정보량은 소설 한 권 정도이다. 많은 정보를 파악하기 위해선 훑어 읽을 수밖에 없다. 문자, 모바일, 메시지 등 주의 집중이 없다 보니 훑어 읽기가 자연스러울 수밖에 없다. 읽기의 다양한 변화에 적응하고 나에게 맞는 형태를 찾아 방법을 만들어가는 것이 중요하다.

AI TTS(Text-To-Speech, 문자 음성 변환) 기술을 도입하면서 읽지 않고 "듣는 방법"도 생겼다. 독특한 숏 콘텐츠 퍼모먼스로 화제를 모은 20대 북리뷰 크리에이터 신시아를 통해 최근 젊은이들 사이에 부는 종이책 읽기 열풍, 이른바 '텍스트 힙'이 소개되어 눈길을 끌었다. 표정만으로 전하는 리뷰 콘텐츠가 순식간에 몇백만이라는 조회 수를 기록했다.

그녀는 "종이책을 통해 수백 년 전 작품을 썼던 작가와 소통하는 기분이 든다."라고 했다. 종이책의 감촉과 무게감, 낭만적인 일련의 분위기

등과 조지 오웰을 직접 텍스트 속에서 만나는 느낌이 들어 매력적이라 했다.

이천 권이 넘는 종이책을 버리고 전자책을 읽기로 한 50대 다독가 김승욱 씨는 언제 어디서나 읽을 수 있어서, 노안 때문에, 책이 차지하는 공간을 절약하기 위해 전자책을 선호하게 됐다. 그는 "전자책은 키워드 검색, 메모, 멀티태스킹 등이 가능하다. 공간의 가치비용을 환산했을 때 독자가 원하는 책을 다운로드하여 내용을 소비하는 방향성에 충실하다."라고 했다. 패트리샤 메릴랜드대학교 교육심리학 석좌교수는 "매체의 선택보다 읽는 방법의 중요성"을 강조했다. 전자책에서 다시 종이책으로 돌아간 스웨덴 산나초등학교의 경우 읽기를 배우기 시작하는 저학년은 종이책을 활용한 아날로그 방식으로 수업을 진행하고 고학년이 되면 디지털기기를 접하는 방식으로 단계별로 접했다.

언어학자인 나오미 배런 교수는 "어렸을 때 인쇄 매체를 통해 읽기 습관을 지니면 디지털 매체에서도 집중할 수 있다."며 "종이책과 전자책 공존이 중요하다."라고 했다. 고려대학교 이순영 교수는 "읽기 능력은 인지능력이기 때문에 꾸준한 훈련을 하는 것이 필요"함을 알렸다. AI 시대 양손 읽기는 훑어 읽기를 벗어나야 한다. 시각화하기와 키워드 찾기 훈련 등을 통해 종이책과 디지털 읽기를 병행하여 그 속에서 책 읽기의 즐거움의 본질을 찾아가야 한다. 한양대학교 조병영 교수는 "즐겁게 읽는 게 바탕이 되면 깊이 읽는 힘이 만들어진다."라고 했다. 신경심리학자 매리언 울프는 "무엇을 읽느냐가 아니라 어떻게 읽느냐가 읽기의 본질이다."라고 말했다.

AI 시대에 우리가 지향하는 읽기의 방향은 독자 자신이 가장 잘할 수 있고 즐겁고 편리한 읽기를 선택하는 것이다. 빠르게 변화하는 시대에 어떻게 자신에게 맞는 읽기 근육을 단련해 갈지 고민해야 한다. 그 과정에서 읽기의 다양한 형태를 적용해 보고 자기만의 맞춤형 읽기를 실행해 본다. 읽기는 목적이 되어서는 안 된다. 읽기의 즐거움이 가지는 진정한 본질을 잊지 말자. 그 속에서 읽기의 가능성은 무궁무진함을 알아가게 될 것이다.

호모 프롬프트의 똑똑한 질문

소설가 한강이 2024년 12월 7일 스웨덴 한림원에서 진행한 '2024 노벨 문학상 수상자 강연'에서 장편소설을 쓸 때마다 질문 안에 살면서 "질문들의 끝에 다다를 때 소설을 완성하게 된다."라고 회고했다. 한강 작가의 소설을 읽고 난 후에는 질문을 던지는 일들이 자연스럽게 이루어질 수밖에 없었다. 우리는 책을 읽은 후에 지식이나 정보를 알고 싶을 때, 삶과 연관된 질문이 꼬리에 꼬리를 물어 또 다른 나를 발견하게 되고 또 다른 생각을 만들어냈다.

최진석 교수는『인간이 그리는 무늬』에서 "우리는 대답하는 데 익숙해져 있어서 문제다. 질문에 익숙한 사람이 되어야 한다."라고 했다.

질문은 또 다른 질문을 낳고 그 질문들이 모여 새로운 생각의 도구로 연결되기도 한다. 그만큼 우리가 살아가는 데 중요한 의미가 되었다.

특히 디지털 시대에 질문이 중요해졌다. 질문은 단순한 앎을 넘어 더 나은 무엇인가를 발견하는 길을 찾는 것이다. 무언가를 질문한다는 것은 그것에 관한 관심과 깊이 있게 들여다보는 것을 의미한다. 질문은 건강한 사회를 만든다. 무엇을 질문하느냐에 따라 얻을 수 있는 믿음도 달라진다. 올바른 믿음을 얻기 위해서는 올바르고 진실한 질문 연습을 통해 지속해서 갈고닦고 성찰하는 시간을 가져야 한다.

『나는 왜 이 일을 하는가』라는 책으로 강연가 사이먼 사이넥(Simon Sinek)은 "답을 찾기 전 이유를 알아야 하고, 이유를 찾기 위해 질문을 잘해야 한다."고 했다. 어떤 이유에서 어떻게 질문하는지 따라 과정과 결과는 달라질 수밖에 없다고 말할 정도로 질문의 중요성을 강조하였다. "너 자신을 알라."고 말한 소크라테스처럼 무게감 있는 질문에서부터 "나는 정말로 존재하는가?"라는 데카르트의 철학적 정신을 토대로 한 "우리는 왜 밥을 먹어야 하나?"와 같이 가벼운 질문까지. 우리 시대는 수많은 물음표를 통해 변화해 왔고 새로운 생각을 만들어냈다. 수만 년간 질문하고 대답하며 살아온 우리의 강인한 이 정신력은 어디에 있을까?

나는 열 명의 6학년 어린이와 책 모임을 하고 있다. 한 권의 책을 읽고 정직한 독자, 질문하는 독자, 토론하는 독자를 만들어가는 비경쟁 독서토론을 진행하여 다양하게 풀어냈다. '질문하는 독서'에서 어린이의 경험과 생각이 가장 많이 나온다. '왜'라는 의문 속에서 이 질문이 가진 다양한 이야기를 엿들어 보았다.

질문은 또 다른 질문으로 이어지고 그 질문들은 토론 거리를 만드는 좋은 토대가 되어 주었다. 좋은 질문은 책이 주는 메시지를 강렬하게 느끼도록 만들었다. 질문하는 행위 속에 생각한다는 의미가 담겨 있는 것이다. 생각은 자기가 가진 궁금증과 호기심을 능동적으로 표현한다는 의미다.

능동적인 질문은 의미가 강하게 담겨 있다. 어린이와 함께한 책 모임은 질문 속에서 답을 찾기보다 한 사람 한 사람의 질문을 가지고 또 다른 질문을 함께 풀어나가는 마음으로 진행했다.

견고한 성을 쌓듯이 질문하라

챗GPT와 생성형 AI의 등장으로 질문의 중요성이 훨씬 더 커지고 있다. 어떤 질문을 던지느냐에 따라 얻을 수 있는 답의 수준도 차이가 나기 때문에 건강한 질문을 만들기 위한 노력을 꾸준히 해야 한다. AI에게 적절한 질문을 해서 효과적으로 필요한 정보와 지식을 도출해 내는 유용한 과정, [9]'프롬프트 엔지니어링'이 요즘 중요한 업무로 주목받고 있다. AI가

9 프롬프트 엔지니어링(Prompt Engineering)은 AI 모델로부터 원하는 출력을 얻기 위해 입력(프롬프트)을 체계적으로 설계하고 최적화하는 과정을 의미한다. 단순히 질문을 던지는 것을 넘어, AI의 작동 원리를

최적의 결과물을 낼 수 있게 명령어를 작성하는 새로운 직업이 나온 것처럼 정확한 질문을 던지는 일이 미래의 중요한 도구임이 틀림없다.

생성형 AI를 통해 유용한 정보를 얻어내려면 질문을 잘해야 한다. 질문이 단순하고 서툴면 답변 역시 서툴게 입력된다. 명확한 질문이 AI의 능력을 향상시킨다는 점과 정확하게 질문하는 능력은 독서가 바탕이 되어야 함을 인식해야 한다. 독서를 통한 학습의 효과는 질문의 수준을 높일 뿐만 아니라 좋은 질문을 생성할 가능성을 높인다. 우리는 AI에 종속되지 않고 AI를 적극적으로 활용하는 [10]호모 프롬프트가 되어야 한다. 그 속에서 움직이는 다양한 삶의 영역들을 들여다볼 수 있기 때문이다.

예를 들어 "한강 작가는 누구지?"라고 입력하기보다는 "노벨 문학상을 받은 대한민국 한강 작가는 어떤 인물이지?"라고 입력하는 편이 원하는 정보에 접근하기 수월하고 더 정확한 정보를 받을 수 있다. 어떻게 질문하느냐가 중요하기 때문에 검색할 때도 지혜가 필요하다. 구체적이고 명료하게 질문을 잘 입력할 수 있도록 고민하여 견고한 성을 쌓듯이

이해하고, 이를 바탕으로 더 나은 결과를 이끌어내는 것을 목표로 한다. 좋은 프롬프트를 만들어내는 일을 프롬프트 엔지니어링이라 부르고, 이를 전문적으로 하는 직업을 프롬프트 엔지니어라고 부른다.

10 호모 프롬프트(Homo Promptus)는 인간을 의미하는 '호모(Homo)'와 사용자의 지시와 명령어를 뜻하는 '프롬프트(Promptus)'를 합친 말로, 인공지능(AI) 등 신기술을 능숙하게 부릴 줄 아는 인간의 능력을 강조하는 신조어이다.

훈련해야 한다.

명령어를 무엇을 넣어야 할까? 출력된 답의 정보를 어떻게 사용해야 할 것이며 어떻게 잘 활용해야 할까? AI를 잘 다루기 위해 인간은 무엇을 해야 할까? 앞으로도 인간다운 인간을 위해 우리가 고민해야 할 시대적 사명일지 모른다. 분명한 것은 디지털 시대에 독서가 좋은 대안이며 갖추어야 할 역량임이 틀림없다는 것이다.

좋은 질문과 답을 찾기 위해서는 독서가 필요하다. 특히 인공지능을 잘 활용하여 제대로 된 정보를 얻기 위해서라도 독서가 중요하게 작용한다. 아는 만큼 보인다고 하지 않던가.

빠른 변화로 불확실한 미래에 갈 길을 잃은 사람들은 끊임없이 질문하고 자신에 맞는 답을 찾아야 한다. 얼마나 정리되고 정제된 질문을 하는가에 따라 자신이 받는 답도 달라진다. 인공지능을 제대로 활용하기 위해서라도 많은 책을 읽거나 지식을 갖추어 질문의 질을 높여야 한다. 끊임없는 질문을 통해 불확실한 미래를 단련해야 한다. 좋은 질문이 좋은 미래를 만든다.

chapter 4

디지털 시대 읽기로 살아남는 법

양손잡이 읽기

디지털이냐, 아날로그냐.

오늘날 아날로그에서 디지털로 넘어가는 과정에서 생활의 다양한 변화가 일어나고 있다. 디지털이 주는 편리함 앞에서 유튜브 등과 같은 디지털 매체의 유혹이 많아졌다. 생활에 리듬이 깨지고 편리함에 현혹되어 깊은 생각보다 단순함에 익숙해졌다.

집중하지 않은 뇌는 산만해지고 생각을 도둑맞은 것처럼 단순해져 어려움을 겪는다. 무거운 내용을 가볍게 전달하는 지식의 스낵화 현상으로 깊이 생각하는 능력이 사라져가는 위기다. 디지털 시대에 독서는 멀리해야 하는 도구가 아니라 일상에 가깝게 두고 읽고 활용해야 할 중요한 도구가 되어야 한다.

'2023년 국민 독서실태' 결과 성인의 경우에는 종이책은 32.3%로 21년에 비해 감소했지만, 전자책은 19.4%로 소폭 증가하였다. 특히 20대

청년층을 중심으로 증가 폭이 큰 것으로 조사됐다. 디지털 시대에 다양한 콘텐츠가 등장하면서, 독서 방식에도 많은 변화가 일어나고 있다. 휴대성이 간편하고 물리적 공간을 차지하지 않아 언제 어디서든 듣고 읽을 수 있는 전자책, 오디오북. AI가 대신 글을 읽어주는 애플리케이션도 등장했다. 반면 전자책이 지닌 단점도 있다. 읽는 독자마다 다르겠지만 전자책 화면에 장시간 노출되면 눈이 피로해지거나, 집중력이 떨어져 방해가 생겼다. 그에 반해 우리에게 익숙한 종이책의 경우 넘길 때마다 페이지의 감촉과 글 읽는 속도의 느긋함, 밑줄과 메모를 통해 집중도를 높일 수 있었다.

우리나라 국민 중 전자책을 이용하는 인구는 약 15%로 평소 독서를 즐기던 사람일수록 전자책 이용률이 높은 것으로 나타났다. 전자책과 종이책을 읽는 '하이브리드 독자층'의 확산으로 디지털 시대에는 전자책과 종이책을 함께 읽는 방향으로 변화하고 있다. 예를 들면 양손과 양발을 다 잘 쓰면 옵션이 다양해져 생각의 범위가 넓어지는 것처럼 말이다.

미국의 역사학자 로버트 단턴(Robert darnton)은 "앞으로 세계를 내달릴 정보는 전자책으로 향유되고, 손의 감촉이나 잉크 내음을 애틋하게 느낄 독자는 종이책을 읽게 될 것으로 예상된다."라는 말을 남겼다. 독서 방식의 다양한 진화를 통해 책 읽는 패턴과 문화가 바뀌고 있다. 읽기의 다변화가 디지털 시대에 살아남을 방법이다. 전자책과 오디오북은 시공간을 초월하기 때문에 이동 시 챙겨 볼 수 있고, 종이책은 목적에 따라 시간을 정한 후 좋아하는 공간에서 느긋하게 읽는 방법을 활용하면 좋겠다.

종이책과 전자책, 어느 방식이 더 바람직할까

종이책이냐, 전자책이냐를 놓고 뭐가 더 좋은 것인지 논하고 싶지는 않다. 중요한 것은 어떤 방법이든 좋은 글을 읽는 것이다. 자기에게 맞고 읽기 편하며 새로운 경험과 성장의 감각을 익히게끔 하는 게 좋은 글이다. 좋은 글은 문해력을 기르고 깊은 이해력을 향상시킨다. 디지털 시대에도 깊이 있는 독서를 위해서는 전자책보다 종이책을 읽는 것을 선호한다. 짧은 글을 빠르게 읽을 때는 스마트폰 등의 기기를 이용한 전자책도 좋은 선택이지만 내용을 생각해 보고 새로운 아이디어를 도출해야 한다면 전자책보다 종이책이 더 효율적일 때도 있다.

디지털 시대에 책을 읽는 방법에 대해, 인지 신경학자 매리언 울프 교수는 '양손잡이 읽기'에는 종이책 읽기 능력과 디지털 기반 읽기 능력을 모두 섭렵한 뇌가 필요함을 강조했다. 전자책으로는 스마트폰이나 컴퓨터 등에서 접하는 엄청난 양의 정보를 활용하고, 종이책에서는 깊이 이해하며 읽을 수 있는 집중력과 문해력을 배워야 한다. 이 두 가지 요소의 맞물림 속에서 디지털 시대에 책을 읽어가면 더 나은 나를 만날 수 있고 한층 즐거운 독서가 자리 잡을 수 있다.

"균형 잡힌 양손잡이 읽기는 유연한 사고를 만든다."

자기만의 콘텐츠를 가져라

무서운 속도로 AI 시대가 다가오고 있다. 이를 걱정하는 사람이 몇 명이나 될까. 우리는 과연 AI 시대에 적응하고 살아남을 수 있을까. 이 급변하는 디지털 환경 속에서 우리는 AI와 디지털과 공존하며 어떻게 살아가야 할지를 생각해 보아야 한다. 우리가 살아남기 위한 처절한 몸부림에는 한 세대가 아닌 다양한 세대가 함께 노력하는 [11]'빌드업(Build-up)' 정신이 필요한 때이다. 인공지능, 디지털 시대에 공격적인 플레이를 만드는 빌드업 정신을 강화하기 위해서 독서가 대안이 되어야 한다. 독서는 미래에 대체 불가능하고 지속가능성을 높여주기 때문이다. 변화하는 현실 속의 읽기 방향도 디지털 시대에 맞게 빌드업 정신의 역량을 키워가야 한다.

11 빌드업(Build-up)은 단어 그대로 이야기한다면 무언가를 쌓아 올린다는 뜻이다. 축구에서 주로 쓰이는 용어 중 하나로, 상대의 압박을 무력화하고 공격을 전개하기 위한 일련의 움직임 및 패스 워크를 뜻한다.

디지털, AI, 챗GPT, 인공지능 등의 기술적 발전은 유튜브, 동영상, 숏폼 등 다양한 디지털 콘텐츠 확산으로 우리 일상에 편리함을 가져왔다. 정보는 손끝에서 바로 얻을 수 있고, 언제 어디서든 즐길 수 있는 영상은 가상현실 세계를 만들었다. 이러한 변화 속에서 독서 인구는 점점 줄어들어 책을 읽지 않는 사회라는 오명을 벗어날 수 없었다. 이로 인하여 문해력 및 의사소통 능력의 부재로 학교현장도 어려움에 직면하고 있다.

지금이야말로 정부에서는 독서의 중요성을 더욱 깊게 인식하고 개선해야 할 시점에 와 있다. 디지털 매체가 아무리 좋아지더라도 독서의 가치는 변하지 않는다는 말에 힘을 실어야 할 때다.

디지털 매체는 즉각적인 정보를 제공하는 반면, 독서는 깊이 있는 사고와 긴 집중력을 요구한다. 책을 읽는 과정에서 우리는 정보를 분석하고, 비판적으로 사고하며, 창의적 발상을 발휘하게 된다. 이러한 과정은 우리의 문해력을 향상시키고, 해결하지 못한 사회문제를 심도 있게 해결하는 데 상당한 도움을 준다.

책은 상상력을 자극하고 창의력을 키우는 데 중요한 역할을 한다. 다양한 인물과 이야기, 배경을 통해 우리는 새로운 시각을 얻고, 창의적인 사고를 기를 수 있다. 창의적 사고는 결국 양질의 대화 및 질문으로 인공지능을 대하는 능력을 키울 수 있고 더 나은 소통의 도구로 활용할 수 있기 때문이다.

빌드업 정신의 역량을 키워라

디지털 시대에 책을 읽는 것이 점점 어려워질 수 있지만, 독서가 주는 가치는 여전히 크게 작용한다. 디지털 매체를 통해 다양한 독서방법을 선보이는 가수, 연예인, 영화배우 등 유명인의 힙한 독서행위가 일시적으로 보일지라도 책에 관심을 더욱 높이는 계기가 될 수 있다. 이는 진보적인 유행을 만들고 경쟁력 있는 문화 콘텐츠로 연결된다.

책을 읽는다는 것은 단순히 읽는 행위에 그치지 않는다. 타인과의 대화, 업무, 토론, 메일, SNS 등 다양한 일상으로 연결되는 중요한 메타인지의 도구가 될 것이다. "세상은 아는 만큼 보인다."라고 하였다. 알기 위해서는 정보를 검색하거나 책을 읽어야 한다. 책을 읽는 것은 단순한 지식을 얻는 것이 아니라 생활의 지혜를 만들어가는 데 중요한 행위가 된다.

AI는 질문이 좋아야 답이 제대로 나온다. 질문의 질이 떨어지면 답도 단순하게 된다. 질문의 질을 향상할 방법으로 독서만큼 좋은 행위가 없다. 독서로 AI를 무력화하기 위한 빌드업 정신을 쌓아 최고의 공격과 수비를 통해 적절히 활용해야 한다. 미래에는 AI와의 협업이 중요하기 때문이다.

황석영 작가는 “AI는 질문이 좋아야 답이 제대로 나온다. 자기 콘텐츠가 있어야 AI도 잘 활용할 수 있으니 책을 많이 읽어야 한다.”라고 강조했다.

책을 읽고 자기만의 콘텐츠를 만들어가는 것은 결국 빌드업 정신을 유지하는 힘이 될 것이고 디지털 시대에 마주하는 콘텐츠를 잘 이용하는 역량을 가질 수 있다. 이런 역량을 가진 사람은 디지털 시대에 AI와 공존하여 자기만의 콘텐츠로 경쟁력 있게 대처할 수 있다.

인공지능 시대를 준비하는 자세

조지 오웰의 『1984』, 올더스 헉슬리의 『멋진 신세계』, 메리 셸리의 『프랑켄슈타인』은 대표적인 고전 SF 소설이다. 인공지능(AI)과 관련된 영화는 스티븐 스필버그 〈A · I〉, 스파이크 존스 〈HER〉, 김태용 〈원더랜드〉, 리 워넬 〈업그레이드〉 등이다. 책과 영화로 봤던 SF가 현실이 되고 있다.

AI 로봇이 일상에 깊숙이 파고들면서 '상상이 현실이 된다.'라는 문장이 요즘 가장 실감 난다. AI의 발전하는 속도도 가늠할 수 없을 정도로 빠르다. 인공지능, 클라우드, 빅데이터, 사물인터넷 등이 보여주듯 디지털 대전환 흐름이 가속화되고 있다. 이성은 물론 공감 능력까지 갖춘 AI, 모든 선택을 AI가 대신한다면 인간에게 자율성이란 있는 것일까.

유발 하라리가 쓴 『사피엔스』에서 "가까운 미래에 인간의 감정이 감정 없는 인공지능에 휘둘리게 될 것"이라고 했다. 휘둘리지 않기 위해선 시대를 읽어야 한다. 시대를 읽지 못하면 시대에 역행하는 방향으로 흘러가기 때문에 어려운 상황에 직면할 수 있음을 경고한다.

인간을 의미하는 '호모'와 사용자의 지시와 명령어를 뜻하는 '프롬프트'를 합친, '호모 프롬프트'는 인공지능(AI) 등 신기술을 능숙하게 부릴 줄 아는 인간의 능력을 강조하는 말이다. 호모 프롬프트처럼 인간은 AI와 의사소통을 할 수 있는 능력 즉, 언어화 · 구체화를 통해 질문을 만들어내는 능력이 필요하다. 이 모든 바탕에 읽기의 능력이 포함되어야 한다.

디지털 시대가 도래하면서 읽기는 빠르게 변화되고 있다. 종이책으로만 인식되었던 읽기는 전자책, 오디오북, 디지털 매체 등 다양한 환경으로 진화하고 있지만, 여전히 종이책을 선호하는 사람들도 있다. 하지만, 복합적 읽기의 시도는 앞으로 다가올 인공지능 시대를 대비하고 나아가 여러 사회문제를 해결하는 데 좋은 역할을 기대할 수 있다.

최근 이슈화된 [12]딥페이크와 사이버 폭력, 영상매체 활용의 문제, 문해력과 어휘력 이해의 부족 등 온라인 읽기의 한계와 문제점을 지적하는 것으로는 변화하는 현실을 따라잡을 수 없다. 중요한 점은 읽기를 통해 얻고자 하는 가치가 무엇인지를 찾을 수 있는 지적 능력이 필요하다

12 딥페이크(Deepfake)는 인공지능 기술을 이용해 사람의 얼굴을 다른 이미지로 합성하는 것을 말한다.

는 것이다.

지적 능력이란 단순히 읽기의 영역에서 벗어나 결과를 창출하는 비판적이고 창의적 영역까지 갖추어져야 한다.

하이브리드(Hybrid)형 융합적인 사고력

정해진 질문을 입력해 정해진 답을 얻었던 이전의 프로그램과 달리 챗GPT, 인공지능 등은 어떤 질문을 입력하느냐에 따라 다른 결과, 다른 수준의 답을 얻을 수 있다. 따라서 디지털 시대는 읽기의 중요성이 그 어느 때보다 강조되는 시점이다.

인공지능을 통해 좋은 답을 얻기 위해서는 좋은 질문을 만들어야 하고, 좋은 질문을 하고자 하려면 [13]프롬프트에 입력하는 사람의 지적 역량이 매우 중요하게 작용한다. 지적 역량을 위해 필요한 읽기 능력을 통해 시대적 변화에 적응하는 훈련을 해야 한다.

디지털 리터러시 교육은 읽기 능력을 온라인 환경 수준에 맞게 심어주어야 한다. 훑어보는 읽기가 아닌 비판적 사고를 갖춘 읽기, 공감 능력을 갖춘 읽기가 앞으로 디지털 시대에 필요한 도구다. 학교와 공공기관, 도서관 등에서 적극적으로 교육과정에 활용하면 좋을 것 같다.

13 프롬프트(Prompt)는 생성 AI에 입력하는 입력값을 의미한다. 챗GPT와 같은 인공지능에 입력하는 질문이나 지시를 생각하면 이해하기 쉽다.

디지털 시대라 하지만 그 기초는 생각 근육을 단련할 수 있는 아날로그에서부터 온다. 내공이 튼실해야 함은 아무리 강조해도 지나칠 수 없다. 생각 근육이 키워지려면 읽기를 통해 인간 본연의 감각과 융합적 사고력을 결합하는 역량이 중요하다.

읽기의 중요성은 아무리 강조해도 지나치지 않지만, 간과하지 말아야 할 한 가지 사실은 시대가 변화함에 따라 읽기의 목적도 달라질 수 있다는 점이다. 인공지능 시대의 읽기 또한 이전 시대의 읽기와는 다른 목적을 갖게 된다. 단순한 읽기에서 벗어나 읽고 질문하고 쓰고 의문을 찾아내고 풀어가는 다양한 방식을 만들어내는 읽기가 필요하다.

따라서 끊임없이 변화하는 인공지능 시대에 발맞추기 위해서는 인간의 질문하는 힘과 타인을 향한 공감 능력 그리고 읽기 능력을 갖춘 '호모 프롬프트'를 지속으로 길러내야 한다.

인공지능을 이길 수 있을까

『꿈꾸는 다락방』을 쓴 이지성 작가는 "인간 고유의 활동인 독서, 사색, 성찰 등을 통해 자신을 새롭게 만들어가고 있는 사람들은 인공지능에 대체되지 않을 것이다."라고 말했다. 독서하는 인간은 인공지능을 이길 수 있을까. 인공지능을 이길 수 있는 독서는 유효한가.

한국인 88%가 유튜브를 이용할 정도로 책 읽는 것보다 영상매체에 의존하는 사람이 많은 현실이다. 책은 영상이나 이미지와 본질적인 차이가 있다. 영상은 누구나 책보다 쉽게 접근할 수 있지만, 독서는 이미지나 영상으로는 범접할 수 없는 지적 사고력과 인지능력이 필요하다. 멍하니 유튜브를 볼 수 있지만, 멍하니 책을 읽을 수는 없다. 한 번에 두 가지 이상을 처리하는 다중 작업인 멀티태스킹이 불가능하다. 책을 읽으면서 다른 동적 활동을 동시에 할 수는 없다. 책 읽기는 온 신경을 집중해야 하는 인간만이 가진 특별한 행위다. 책 읽기가 중요한 이유는 많지만 가장 중요한 것은 생각의 변화를 통해 정신적인 무기를 장착할 수 있다는 것이다.

매리언 울프의 『프루스트와 오징어』에서 "독서를 하기 위해 뇌가 필요로 하는 것이 무엇인지, 인간의 사고와 감성과 추론, 타인을 이해하는 능력에 어떻게 기여하는지 아는 것이 그 어느 때보다 중요하다."라고 했다.

자극적인 영상매체들이 지배하는 세상에서 영상을 단절하기는 불가능하지만 유용하게 활용할 수 있는 방법이 필요하다. 독서가 좋은 대안이다. 독서와 영상을 같이 취급할 수 없지만, 영상을 자막으로 읽고 해석하는 방법은 좋은 예다. 자막을 통해 다음 장면을 유추해 나아가고 그 과정에서 독서처럼 생각을 넓혀가는 습득력을 채워가는 것도 하나의 대안이 될 수 있다.

얀 르쿤 뉴욕대 교수는 "인공지능(AI)이 특정 영역에서 우리보다 더 똑똑할 수도 있지만, 우리가 상사(boss)가 될 것입니다."라고 말했다.

인공지능이 주는 이점은 단순 업무들을 대체하는 역할을 할 수 있다는 점이다. 이를 통하여 인간의 가치와 삶이 풍요로워질 수 있다. 인간이 단순하게 오래 해야 하는 것들을 모두 AI가 대체할 수 있다. 하지만 독서는 AI가 누릴 수 없는 영역이다. 인간만이 누릴 수 있는 독서를 통해 더 나은 답을 찾을 수 있도록 AI에게 명령하고 질적 답변을 받아낼 수 있다면 더 편리하고 안정적으로 지속가능한 삶을 누릴 수 있을 것이다.

AI vs 독서 과연 승자는

AI 시대라는 정보의 홍수 속에서 유튜브 영상이나 정보들의 진위를 가리기는 어렵다. 독서는 다양한 관점과 논리를 접하며 정보의 진위를 판단하고 논리적으로 사고하는 비판적 사고력을 키울 수 있도록 도와준다.

독서는 인공지능 시대에 인간이 인공지능 이상의 존재가 되는 데 매우 필수적인 도구이다. 독서는 인간과의 상호 소통능력을 갖춘 GPT-4o와 만나는 것보다 더 양질의 대화가 가능하므로 더 좋은 미래예측과 감각을 익힐 수 있다. 따라서 책을 읽는 인간은 인공지능에 종속될 수 없을 것이다. 인공지능에 종속되지 않기 위해선 인간은 어떤 것을 경계해야 할까.

미래에 우리가 가장 두려워해야 하는 것은 인공지능에 종속되어 생각과 창의성을 잃어버리는 것이다. 다양한 지식을 빼앗긴 인간은 더 단순해지고 결국 AI에게 지배되는 불상사를 경계해야 한다.

"AI(인공지능)는 창고다. 창의성은 없다." 정말 그럴까? AI가 고도로 발달하면서 창작의 영역까지 넘보고 있다고들 한다. 하지만 AI를 활용해 창작활동을 하는 박윤형 HSAD AI 아트디렉터는 "현 단계에서 AI에 창의성은 없다고 생각한다. 인간이 얼마나 창의적이냐에 따라 결과물이 달라지기 때문이다."라고 답했다. 독서를 통한 생각의 깊이와 비판적 사고력, 판단력을 길러 인간만이 할 수 있다고 생각하는 행위를 길러 나아가야 한다. 그렇지 않으면 인공지능에 지배되고 말 것이다.

독서와의 관계를 잘 다루어 준다면 우리의 장래는 훨씬 밝고 인간다운 삶을 누릴 수 있지 않을까. 인공지능은 일상생활 속 깊숙이 파고들고 있으며 그 영향력을 급속히 확장하고 있다. 이 시점에서 우리는 독서를 통해 인간다운 사고와 비판력을 길러 다양한 방법으로 유용하게 사용할 수 있도록 끊임없이 노력해야 한다. 결국, AI 시대에도 독서는 유효할 수밖에 없는 도구임이 틀림없다.

다시, 독서의 시대

2016년 3월 이세돌과 알파고의 세기의 대결이 펼쳤지만, 여전히, 인공지능(AI)은 매우 생소한 개념이었다. 2022년에는 오픈 AI에서 개발한 GPT를 기반으로 하는 대화형 인공지능 서비스가 출시되어 세상을 놀라게 했다. 출시 이후 생성형 AI 열풍이 우리 일상에 파고들어 우리 삶을 바꿔놓고 있다. 헬스케어, 교육, 금융, 자율주행차, 맞춤형 추천 시스템까지, 인공지능은 다양한 분야에서 우리 일상을 빠르게 변화시켰다. 이제 AI 시대는 미래의 이야기가 아니다.

오픈 AI는 지난 2024년 5월 새 AI 모델 GPT-4o를 공개하며 처음으로 실시간 음성 대화 기능을 선보였다. 과연 AI는 우리의 미래에 어떤 변화를 가져다줄까. 유토피아일까, 디스토피아일까.

2024년 8월 한 달간 한국인이 가장 오래 사용한 앱은 유튜브로, 총 19억 5,666만 시간에 달한다는 통계가 나왔다. 5,100만 인구수로 나누면

전 국민이 1인당 하루 73분꼴로 유튜브를 시청한 셈이다. 콘텐츠를 추천하는 알고리즘은 중독성이 있어 우리는 유혹에 쉽게 빠질 수밖에 없다. 편리하고 자극적인 디지털 세상에서는 온갖 혐오 발언과 가짜뉴스가 판치고, 딥페이크 성범죄 등의 심각한 사회문제가 현상으로 드러났다.

아날로그 세대인 나는 이 모든 것들을 겪어 오면서 편리한 세상에 적응하고 익숙하게 닿는 것이 어려웠다. 스마트폰과 태블릿 등 디지털기기 보급으로 인해 짧은 글과 영상에 익숙해지면서 문해력은 낮아지고 의사소통하는 이해력은 추락하고 있다. 『책 고르는 책』을 쓴 서점 MD 손민규 저자는 "일명 [14]사이버렉카가 사회의 어두운 면만 자극적으로 부각하는 반면, 책은 문제를 뿌리를 들여다보고 건설적인 대안을 제시한다."라고 했다. 사이버렉카는 정보의 자극성을 위해 최소한의 사실 확인조차 하지 않고 영상을 올린다는 점에서 가짜뉴스의 생산을 부추기고 있다. 그 문제의 뿌리를 파헤치는 책을 통해 비판적으로 수용하고 건설적인 대안을 찾아야 한다.

AI 시대, 디지털 영상매체를 어떻게 써야 하는지, 어떻게 나은 방향으

14 사이버렉카는 온라인에서 특정인에게 일어난 이슈를 편집한 영상을 게시해서 해당인을 비하, 비난하는 영상을 콘텐츠로 하는 이슈 유튜버에 대한 호칭이다. 이들은 조회수를 올려 광고 수익을 통해 이득을 챙긴다.

로 나아가야 하는지가 중요해졌다. 좋은 방향으로 끌어가는 것이 독서다. 독서에서 배워야 할 본연의 원칙을 고수할 필요가 있다. 기본적인 문장 속에 들어있는 뜻과 의미를 파악하고 기준을 세워가는 독서를 유지해야 한다.

마라토너들이 극한의 고통을 이겨내는 정신적 쾌감인 러너스 하이(Runners High)를 느끼듯 책을 읽다가 행복감을 느끼는 상태인 [15]리더스 하이(Readers High)를 찾아가는 것이 중요하다. 최소한의 즐거움을 찾기 위해서 집중하고 꾸준히 책과 접해야 한다. 그 과정이 끝나면 독서의 시대가 도래할 것이다.

문체부가 발표한 '2023 국민독서실태조사'에 따르면 성인의 종합독서율은 43%에 그쳤다. 20대(19~29세)는 74.5%로 조사 연령 가운데 가장 높은 독서율을 보여 고무적이다.

책을 읽지 않는 이유로는 시간이 없어서, 다른 매체를 이용해서가 많았다. 시대가 변하고 사회가 변해도 '시간이 없어서'라는 말은 이제 옛말이다. 변명에 이유는 다 있지만, 우리가 놓친 것들을 생각해 볼 때다. 시간은 충분히 있지만, 책을 읽지 않아도 더 좋은 콘텐츠가 있고 그 유혹은 빠져나올 수 없을 정도로 강력하다. 떨어지는 독서율을 살릴 방법은

15 리더스 하이(Readers High)는 책을 읽을 때 느끼는 일종의 카타르시스를 말한다. 책을 읽을 때 느끼는 희열이나 정신적 만족감을 의미한다.

없다. 독서율이 중요한 수치로 보일 수 있지만, 그 내면에는 다양하게 책을 읽는 사람이 있고 열정을 가진 독서가들이 많다는 사실을 간과하지 말아야 한다.

MZ 세대 중심으로 책과 독서를 새로운 트렌드로 인식하는 젊은 문화가 자리 잡고 있다. 독서와 기록을 멋지다고 생각하는 현상인 텍스트 힙은 독서를 즐기는 모습을 SNS를 통해 공유하는 것으로 나타난다. 공유를 통해 독서가 하나의 멋진 트렌드로 생각되고 인식된다. 지적 허영이든 보여주기 식이든 독서를 하는 방식이 달라도 읽는 태도가 중요하다. 읽고 표현하는 태도는 지속가능성을 넘어 독서문화로 자리 잡을 수 있다. 하지만 MZ의 독서 현상이 지속가능할지는 지켜봐야 한다.

디지털 시대에 독서가 왜 필요한가

1960년에는 중산층의 책장에서, 독서 운동이 유행했던 시절에는 독서 챌린지로, 그렇게 반짝이는 사회현상은 언제나 있었다. 독서를 살릴 방법은 오직 매력적인 독서를 사랑하는 마음에 달렸다. 모든 세대를 아우르는 독서의 시대가 머지않았다. 종이책과 디지털 책 읽기의 텍스트를 받아들이는 이해력이 달라도 인공지능 시대에 어느 한쪽에 치우친 독서가 아닌 양방향의 읽기 방식을 상황에 맞게 적절하게 활용하는 태도를 보여야 한다. 이를 위해서는 국가와 단체에서 읽기 리터러시를 위해 체계적인 시스템을 구축하여 지속가능한 미래를 만들어가야 한다.

독서는 유행하는 것이 아니다. 독서는 개인적이지만 사회적이기도 하다. 독서가 한 나라의 문화로 인식되기 위해서는 어릴 때부터 책을 사랑하는 마음을 가지는 것이 필요하다. 책의 감촉과 촉감뿐만 아니라 감각을 언어로 받아들이는 훈련이 필요하다. 독서의 시대는 다시 올 것인가. 온다고 본다. 시기는 알 수 없지만, 독서가 모든 사회, 경제, 문화에 다양하게 영향을 미치는 날까지 우리는 책을 읽고 그 과정을 다듬어내야 한다.

독서의 시대는 종이책과 전자책을 접할 기회와 시간을 최대한 배려하는 시대다. 많은 사람이 책을 읽고 이야기를 나누고 사회문제를 깊이 있게 파고드는 문화가 자리 잡을 수 있다. 우리가 전혀 상식적으로 이해하지 못한 것들이 독서로 키운 공감 능력으로 이해하게 될 것이며, 우리 사회가 바라는 정상적인 사회로 가게 될 것이다.

문해력과 이해력, 사고력이 필요한 디지털 시대에 독서가 가지는 힘은 인공지능과 챗GPT를 활용할 수 있는 능력을 키워주는 데 있다. AI에게 종속되어 끌려가기보다는 스스로 질문하고 답을 찾아 나아가는 방법을 찾아야 한다. 독서는 사고력을 더 깊게 만들어 인공지능을 다양하게 활용할 수 있다. 책이 지닌 그 무수한 언어들이 디지털 시대를 살아가는 우리에게 어떤 방향으로 질문하고 답을 찾을 것인지 알려준다.

이 책은 독서의 시대에 어떻게 독서는 나의 삶을 변화시킬 것인지, 삶의 무기가 되는지, 즉 디지털 시대 읽기의 쓸모, 방향 중심으로 읽는 삶이 독자들에게 조금이라도 와닿기를 바라는 마음으로 써 내려갔다.

디지털 시대에 독서를 어떻게 바라보고 고민하고 더 나은 방향으로 미래를 그려갈 것인지, 늘 내 안에 있던 숙제들을 글로 풀었다. 좋은 독자는 좋은 문화를 만든다. 우리가 바라는 사회는 타인에게 공감하는 마음이 있어야 한다. 그 모든 과정에서 독서를 하는 것이다. 나는 독서의 시대가 언젠가 올 것이라 믿는다. 독서의 시대가 오면 이 책은 더 빛날 것이다. 아니면 독서의 시대가 오기 전에 그 가능성을 열어준다면 더 좋을 것이다.

디지털 문해력을 길러라

인공지능(AI)이 등장하면서 나타난 미래 예측은 인간이 할 일을 AI가 대신해 주리라는 것이었다. 하지만 그로 인해 여러 문제점이 노출되고 있다. AI가 인간의 일자리를 대체하고, 의사결정을 AI에 맡기는 상황이 늘어날 것이다. 예측 불가능한 일들을 알아서 해내는 AI는 인간을 편리하게 만들어주지만, 한편으로는 필요 이상으로 통제하고 있다. AI에 의존하는 빈도가 높아질수록 수동적으로 변화되는 건 아닌지 그 우려를 되짚어봐야 한다.

유발 하라리는『21세기를 위한 21가지 제언』에서 "무엇보다 중요한 것은 변화에 대처하고, 새로운 것을 학습하며, 낯선 상황에서 정신적 균형을 유지하는 능력"이라고 했다.

디지털 리터러시 또는 디지털 문해력(Digital Literacy)은 디지털 플랫폼의 다양한 미디어를 접하면서 명확한 정보를 찾고, 평가하고, 조합하는 개인의 능력을 뜻한다. 이러한 개인의 능력은 인공지능 시대가 도래하며 변화에 대처하고 낯선 상황에서의 정신적 균형을 유지하는 능력인 '질문을 잘하는 능력'으로 두드러졌다. 미래의 일자리에서 적절한 명령어를 만들어내는 프롬프트 엔지니어가 주목받는 이유도 질문의 중요성이 대두되었기 때문이다.

빅데이터와 인공지능, 딥페이크와 메타버스처럼 가상과 현실이 매우 복잡하게 얽혀 있다. 따라서 디지털 기술과 인공지능을 이해하고 비판적으로 수용할 수 있는 능력, 즉 AI를 잘 다룰 수 있는 디지털 문해력이 중요하게 다가오고 있다. AI가 제공한 어떤 정보를 비판적으로 분석하고 해석하는 능력이 바로 디지털 문해력이기 때문이다.

미국 교육학자인 루블라와 베일리는 디지털 리터러시를 "디지털 기술을 사용할 줄 아는 능력과 언제 사용할지를 아는 능력"으로 정의했다. 스마트폰 앱이나 키오스크, 챗GPT를 사용할 줄 아는 것보다 디지털 정보나 콘텐츠를 잘 다루는 역량과 비판적으로 수용할 줄 아는 역량이 무엇보다 필요하다.

우리가 싸워야 할 대상은 구글(Google)이 아니다

디지털 문해력이 높을수록 디지털 정보의 사실 여부를 판별하여 문제 해결에 활용할 수 있다. 반면 낮으면 극우 유튜브의 악영향이나 가짜뉴스를 판단하는 능력이 떨어져 정보를 활용하는 것이 어려워 판별 능력이 떨어진다. 이렇듯 일선의 교육기관이나 도서관에서 디지털 리터러시의 활용 방안 교육을 강화할 필요성이 무엇보다 중요한 시점에 와 있다.

생애주기별 맞춤형 교육으로 올바른 디지털 미디어 사용과 활용 역량을 기를 수 있도록 커리큘럼을 마련하여 인공지능 시대를 준비해야 한다. 늦은 감은 있지만 새로운 디지털 문해력을 익히고 활용하는 데 상당한 노력과 뒷받침이 필요함을 인식해야 한다.

AI 기반 검색 엔진 '퍼플렉시티'를 만든 아라빈드 스리니바스는 "우리가 싸워야 할 대상은 구글이 아니다. 질문을 던지는 데 있어, 모든 인간이 타고나지 않았다는 사실에 맞서야 한다."라고 했다. 이는 질문에 익숙하지 않아 인간이 가진 능력을 도외시했다는 반성에서 출발했다. 그만큼 질문이 가진 위대한 힘을 우리는 더 명확하고 명시적으로 풀어갈 의무가 있다는 것을 알리고 있다.

AI 시대에 디지털 수준에 접근하기 위해서는 꼬리에 꼬리를 무는 질문력이 좋아야 한다. 질문력이 좋아지려면 핵심을 찌르는 질문을 던져야 하고, 그래야지만 AI는 더 정확하고 섬세한 답을 출력할 것이다. 똑똑한 질문과 해석으로 AI를 잘 활용할 수 있도록 비판적이고 능동적인 사고 연습을 꾸준히 뇌에 익혀야 한다. 또한, 효과적인 디지털 문해력을 위해 단계적이고도 지속적인 실행 가능한 가이드라인을 마련해야 한다.

종이책은 살아남을까

인공지능 시대에 종이책은 살아남을까? 세계적인 인지신경학자 매리언 울프는 "디지털기기의 확산으로 인해 책에 몰입하는 경험이 줄어들고 있으며, 이러한 변화가 주의 집중과 깊이 있는 사고를 저해한다."라고 우려했다.

스페인 발렌시아대학의 리디아 알타무라 연구팀은 2000년부터 2022년까지의 디지털 독서와 종이책 독서의 효과를 비교한 선행 연구들을 메타 분석한 결과를 발표했다. 종이책 독서가 디지털 독서보다 독해력 향상에 더 큰 효과가 있는 것으로 나타났다. 종이책 독서는 왜 중요할까.

짧은 글과 영상이 범람하는 시대에 디지털기기가 주는 편리함과 즐거움은 바쁘고 빠른 현대 사회에 유용한 도구가 되었다. 이런 사회현상으로 오디오북, 전자책, 책과 관련된 유튜브, 요약 서비스 등 다양한 디지털 책 도구들이 인기를 더하고 있다. 하지만 깊이 있는 서사의 연결성이

나 이해가 부족하다 보니 읽는 방향 또한 삶으로 연결되지 못한다. 가장 큰 문제는 정보의 과잉과 산만함이다. 반면 종이책은 깊이 몰입할 수 있어 방해받지 않는다. 디지털 독서는 사회적 문제를 토론할 때 깊이 있는 해결법을 모색하는 데 어려움이 있다. 이런 문제점을 해결하기 위해서는 비판적 사고의 관점을 키우는 방향으로 디지털 책과 종이책을 함께 읽는 것을 추천한다.

읽기의 목적은 즐거움이다. 그럼에도 읽는다는 것은 단순히 즐거움만을 위한 것도 아니다. 종이책이든, 디지털 책이든 읽기의 분명한 방향이 중요한 시대다. 읽고 통합적이고 포괄적으로 이해하는 능력을 키우는 책의 리터러시, 즉 다른 독서로 전이할 수 있는 방향적 교육이 필요하다. 예를 들면 스스로 생각하고 만들고, 완성하는 과정에서 코딩의 즐거움을 배우는 것처럼 독서도 스스로 생각하고 비판하여 질문을 완성하는 즐거움을 알아가는 과정에서 근육을 키워야 한다.

매일 새로운 정보가 쏟아지고 챗GPT와 같은 AI를 활용하는 이 시대에서 '독서'는 정말 고리타분한 도구일지도 모른다. 하지만 독서를 통해 문제 해결력을 기를 수 있고, 자신의 가능성과 세상을 이해하는 능력을 키울 수 있다. 독서는 근본적인 학습에 지대한 영향을 준다.

종이책의 반격

종이책의 미래는 단정 지을 수 없다. 책의 운명은 결국 책을 읽는 인구가 늘어나고 독서 문화가 단단하게 형성되느냐 아니냐에 달려 있다. 미래학자들은 앞으로 정보의 격차가 부의 격차가 되리라 전망한다. 수많은 정보 중에 질 좋은 정보를 선택하고, 활용하고, 다양한 관점으로 생각해 보는 종이책이야말로 정보의 격차를 좁힐 수 있을 것이다. 정보의 격차는 결국 다양한 독서문화가 자리잡고 단단하게 연결되기 때문이다.

AI가 빠른 정보와 정답을 제공하지만, 그 이상의 공감과 이해는 우리 인간이 스스로 풀어나가야 한다. 그 과정에서 독서를 통해 생각하는 힘을 키우는 것도 한 방법이다. 디지털 환경의 변화로 종이책보다 전자책의 편리성을 선호하고 유튜브 요약본을 선호하는 것을 보면 읽는 방향의 전환이 필요해 보였다. 종이책도, 전자책도, 오디오북도 중요한 것은 자기에게 맞는 가장 쉬운 읽기 방법을 만들어 나가는 것이다. 습관이 든 후 디지털 매체도 함께 읽는 양방형 독서가 수행된다면 AI 시대를 살아가는 데 최고의 창출을 끌어낼 수 있다.

저술가인 데이비드 색스의 "모든 것이 디지털화될수록, 아날로그의 가치는 점점 더 커질 것이다."라는 말이 인상에 남는다.

종이책은 분명히 사라지지 않을 것이다. 하지만 사라지지 않도록 위기의식을 느낄 필요가 있다. 종이책이 없다면 종이책을 대체할 디지털 기기가 과연 인간을 이롭게 할 것인가. 아니면 더 나은 읽기의 전환이 이루어질지 궁금하다. 독서는 미래가 지켜야 할 중요한 자산이다. 종이책의 미래는 이제 여러분의 독서 의지에 달려 있다.

독서로 살아남는 법

인공지능 시대에 다양한 디지털기기에 노출되어 책 읽기가 점점 어려워지고 있다. 인터넷으로 정보를, 영상으로 요약을, AI로 해답, 챗GPT로 정답을 얻을 수 있는 시대에 책을 읽어야 할 필요성이 낮아지고 있다.

빠른 정보와 예측을 원하는 시대에 깊게 들어가는 집중력이 없고, 의견 제시를 위한 비판적 사고가 없다면 우리의 현실은 불 보듯 뻔하다. 인공지능에 의존하면 인간이 놓친 인간다운 생각과 지혜는 사용할 수 없다. 챗GPT에게 프롬프트로 똑똑하게 질의하면 나에게 맞는 답을 알려준다. 하지만 생성형 AI처럼 답을 연결만 하는 것이 아니라 제대로 된 판단이 중요하다. 비판적으로 읽고 답을 찾아가는 것은 우리 인간만이 가질 수 있는 능력이다.

이런 능력을 사용하지 않고 인공지능에만 의존하면 AI 기계에 존속되거나 도로 노예로 전락될 가능성이 크다. 특히 생성형 AI의 [16]'할루시네이션(Hallucination)' 현상을 조심해야 한다. 출처가 불분명한 데이터를 학습해 잘못된 답변을 내놓으면 정보자는 혼란에 빠질 수밖에 없다. 정보를 제대로 읽어야 혼란을 방지하고 원하는 정보를 정확하고 명확하게 얻을 수 있다. 어떻게 하면 좋은 정보를 습득할 수 있을까?

몰입 독서의 경험을 통해 글의 의미를 깊이 이해하고, 이를 통해 비판적으로 사고할 수 있도록 해야 한다. 또 하나는 천천히 꼼꼼히 뜻을 새기며 깨닫기 위해 깊이 읽는 정독 읽기의 방법이다. 인공지능 시대에 매우 중요한 두 가지 읽기의 방향이다. 두 가지 읽기만 소홀히 하지 않는다면 일어나는 일들을 명확하게 따져볼 수 있는 능력이 길러진다.

여기에 가짜뉴스, 딥페이크, 극우 유튜브 등의 허위정보를 가장한 사회문제가 빈번하게 발생한다. 허위정보를 올바르게 판별하고 식별할 수 있는 능력을 키울 수 있는 것이 비판적 독서다. 비판적 독서를 하지 않고서는 좋은 정보를 판별할 수 없고 점검할 수 없다. 정보는 우리가 사용하는 다양한 도구의 집합체다. 집합체가 형성되면 빅데이터와 급변하는 불확실성의 시대에 대처할 수 있다. 깊이 있는 지식 확장으로 이어지면 인공지능은 인간의 영역을 침해하지 못할 뿐만 아니라 독서의 힘을 따라잡

16 할루시네이션(Hallucination)은 주어진 데이터 또는 맥락에 근거하지 않은 잘못된 정보나 허위 정보를 생성하는 것을 뜻한다. 가짜 정보로 인한 환각, 그럴싸한 거짓말 상태를 일컫는다.

을 수 없을 것이다. 인간은 이를 잘 이용하여 인공지능을 대체할 수 있는 빈틈을 노려야 한다. 그 빈틈에 자기만의 독서를 마련해야 한다.

책을 읽고 이해하고 비판하는 능력 외에도 우리는 새로운 가능성을 끊임없이 고민할 수 있는 지혜를 가질 수 있다. 이것이 인간이 인공지능보다 훨씬 인간다움을 펼칠 힘이다.

AI를 잘 활용하는 자가 미래를 앞서간다는 말이 있다. 아무리 똑똑하고 결과를 예측하는 AI가 있더라도 생각하고 비판하고 사고하는 독서가 뒷받침되지 않으면 AI에 의존하게 되고 노예가 될 가능성이 크다. 독서도, 등산도, 운동도 꾸준히 성실하게 하는 자가 근육을 만들 수 있다. 또한, 함께 독서 토론을 하고 다양한 질문을 이야기하는 모임에 참여하는 것도 좋은 방법이다. 이런 기초적인 독서 내공을 바탕으로 AI의 프롬프트 질문능력은 좋아진다. 질문능력은 생성형 AI에게 다양한 범위 안에서 정보를 쏟아내게 한다. 질문 프롬프트에 어떻게 꼼꼼하고 명확하게 입력하느냐에 따라 AI의 답변의 질은 매우 다르게 나타난다. 훨씬 뛰어나게 반응할 것이다.

AI의 위협으로부터 위기를 기회로

『넥서스』의 저자 유발 하라리는 "21세기 AI는 강력한 네트워크의 연결을 만들어 후손들이 AI의 거짓과 허위를 폭로할 엄두조차 내지 못하게 만들지도 모른다."라고 강력하게 경고한다. AI는 곧 자신을 지배하는 인간을 조종할 방법을 깨달을 것이라는 이 끔찍한 경고에 우리가 해야 할 대처는 무엇일까? 바로 독서에 능동적인 반응을 보이는 것이다.

디지털 시대에 우리가 살아남는 법은 위기를 기회로 만드는 것이다. 첫째 AI, 빅데이터, 챗GPT, [17]딥시크(DeepSeek)를 보다 잘 다룰 수 있는 능력자가 되어야 한다. 가짜뉴스를 선별하고 질문을 수없이 만들어낼 수 있는 디지털 리터러시 교육이 필요하다. 지식과 정보를 효율적으로 다루고 판단할 수 있는 능력이 요구되며 이는 독서를 바탕에 두고 접근해야 한다.

두 번째는 AI에 정확한 질문을 해 그 능력을 극대화하는 프롬프트 엔지니어를 양성해야 한다. 정확하게 질문하는 능력은 독서를 기초로 시작되어야 한다. 책 읽기를 통해 꾸준히 토론하고 질문하는 자세를 가져야 AI보다 더 나은 풀이 과정을 생각하고 만들어낼 수 있다.

17 딥시크는 중국의 생성형 인공지능(AI) 모델이다.

세 번째는 단순히 글을 이해하는 수동적 읽기가 아니라 정보판별 능력을 향상할 수 있는 비판적 읽기가 선행되어야 한다. 무분별하게 디지털 정보에 노출되는 것은 여러 가지 사회문제로 발생할 수 있기 때문이다. 비판적 읽기는 평소에 옳다고 받아들여지는 사실이나 의견에 대해 의문을 제기하는 태도다. 논리적인 오류나 반박 가능성이 없는지를 끊임없이 점검하는 과정을 통해 만들어져야 한다.

인공지능을 포함한 지능 정보화 기술을 활용해 다양한 학습자료 및 학습 지원 기능 등을 탑재하여 학생 개인의 능력과 수준에 맞는 다양한 맞춤형 학습기회를 지원하는 AI 디지털 교과서가 2025년부터 도입되었다. 하지만 무엇보다 중요한 것은 개발된 AI 디지털 교과서가 학생들의 인간적 성장을 지원하는 데 활용될 수 있도록 수업을 디자인하는 교사의 역할이다. 교사는 학생별 능력과 수준에 맞게 다양한 맞춤형 학습기회를 지원해야 한다. 또한, 종이책과 AI 디지털 교과서와의 상호보완을 통한 문해력 향상 및 스마트 기기의 중복 방지를 통한 집중력의 강화 훈련이 뒷받침되어야 한다. 디지털 교과서가 자연스럽게 안착하기 위해선 깊이 있는 종이책 읽기부터 시작해야 한다. 따라서 서두를 필요가 없다. 디지털 교과서와 종이책을 병행하여 각각의 장점을 최대한 살리는 방향으로 모색하는 것이 바람직하다.

인공지능 시대에 독서로 살아남을 수 있을까? 기회를 잡을 수 있을까? 우리가 가야 할 독서 방향은 무엇일까? 중요한 것은 독서를 통한 통합적인 사고력으로 인공지능에 맞서는 능동적인 인간을 길러내야 한다는 것이다. 바로 여기에 답이 있다.

독자생존을 위한 독서 팁

"환경에 적응하는 생물만이 살아남고 그렇지 못한 것은 도태되어 멸망한다." 적자생존(適者生存)은 인간의 사회적 생존경쟁 원리를 함축한 사회 철학적 정의다.

이 말은 다윈(Darwin, C. R.)이 『종의 기원』에서 사용한 말이다. 국어사전에도 '생명 환경에 적응하는 생물만이 살아남고, 그렇지 못한 것은 도태되어 멸망하는 현상'으로 명시되어 있다. 영국의 철학자 스펜서가 제창하였다고 하였다. 사람들은 적자생존의 법칙에 희생자가 되지 않으려고 안간힘을 쏟고 있다고 사용할 수 있는 말이다. 뇌과학자 정재승 교수는 "유튜브 시대에 독서하는 사람들은 다른 종(種)이 될 것이다."라고 말했다.

급변하는 21세기 사회적 흐름 속에서 "읽는 자가 변화하는 환경에 적응해 진정으로 살아남는다."라는 의미의 독자생존(讀者生存)은 디지털 시대로 가는 시기에 시사하는 바가 크다. 따라서 자기만의 독자생존을 위한 독서 팁을 통해 불확실한 미래에 단단하게 준비하는 자세를 가져보자.

1. 나에게 맞는 관심 있는 주제의 책을 읽어라

최고의 책은 지금 나에게 필요하고 도움이 되는 책이다. 도서관과 서점에 가면 차고 넘치는 주제의 책들이 기다리고 있다. 주제, 단어 키워드로 검색하여 관심 있는 주제의 책을 찾으면 된다. 이때 중요한 것은 프롤로그와 에필로그, 목차를 읽어보며 관심이 가는 책인지 알아보는 습관을 기르는 것이다. 목차를 통해 이 책이 가진 맥락을 확인할 수 있기 때문이다. 관심 있는 주제의 책과 책의 권태기가 올 때마다 찾아보고 읽어보면 극복할 수 있다. 관심 있는 책은 나를 독자로 만들어가는 데 중요한 역할을 할 수밖에 없다. 예를 들면 독서법에 관한 책을 스무 권에서 서른 권 읽는 것은 독서를 위한 다양한 방법들을 익히기 좋고, 이를 통해 나만의 독서법을 위한 도구를 만들 수 있다. 내 생각을 확장해 주거나 뛰어넘는 책, 문제 해결에 도움이 되는 책이 많아질수록 나의 독서력은 저축처럼 꾸준히 적립되기 마련이다.

2. 흥미를 불러일으키는 책을 읽어라

닥치는 대로, 끌리는 대로, 오직 재미있게 책을 읽어라! 『이동진 독서법』에서 이렇게 말하고 있다. 독서에서 가장 추천하는 방법은 흥미를 불러일으키는 읽기 방법이다. 흥미는 즐거움이다. 즐거움은 우리의 뇌가 감지해 집중력을 올리는 데 도움이 된다. 타인이 추천한 베스트셀러나 스테디셀러의 경우 90%가 자기에게 맞지 않는 책일 가능성이 크다. 그렇다면 어떤 책이 즐거움을 주는 책일까. 지금의 나의 상황을 이해해 주고 보듬어 주는 문학책과 가볍고 편안하게 읽을 수 있는 에세이, 여행을 떠나고 싶게 만드는 여행 책이다. 나의 독서 수준에 맞는 책이 독서력에 도움을 준다. 지루하거나 흥미를 느끼지 못할 때 어린이·청소년 책을 읽어보기를 권한다. 그림책도 좋다.

독서 수준에 맞는 책은 매끄럽게 페이지가 넘어가고 부드럽게 나의 감정에 스며드는 책이다. 처음에는 알 수 없으나 꾸준히 읽다 보면 손에 닿고 마음이 가는 책이 있다. 그런 책의 감각을 키워야 한다. 어려운 책보다 30분을 읽어도 집중되고 관심이 가는 책이 좋은 책이다. 좋은 책을 선별하는 것은 어렵다. 거듭된 실패를 통해 자기만의 책을 선정하는 방법이 정해진다.

3. 질문이 많아지는 책을 읽어라

꼬리에 꼬리를 무는 질문력은 디지털 시대에 중요한 도구이다. 생성형 AI를 통해 똑똑한 정보를 얻어내려면 질문을 잘하는 것이 중요해졌다. 질문이 단순하고 엉뚱하면 답변 역시 엉뚱하고 멍청하게 나온다. 명확하고 정확하게 질문하는 능력을 길러주기 위해서 독서는 필수다. 독서는 좋은 질문을 만들 가능성을 높이고 답변을 명확하게 해석하고 비판하는 능력을 기른다. AI나 챗GPT를 사용할 때 유용하게 활용할 수 있다. 고명환 작가는 "명쾌하게 단문으로 핵심을 꽝 찌를 수 있어야 해요. 독서를 하면 나도 모르게 좋은 질문을 던지게 됩니다. AI 시대에 책이 더 유용한 이유죠."라고 말했다. 그렇다면 꼬리에 꼬리를 무는 질문이 많아지는 책은 어떤 책일까. 고전 책이다. 고전은 인간과 세상의 본질적 가치를 다룰 뿐만 아니라 독자들에게 인간 세상의 본질을 꿰뚫는 통찰을 안겨주기 때문에 고전을 읽으면 질문은 많아질 수밖에 없다.

예를 들면 카프카의 괴이한 소설 『변신』을 읽으며 '절망적인 상황에서 나라면 어떻게 대처했을까?' 물을 수 있다. 헤밍웨이의 『노인과 바다』에서는 '도전적 모험심은 어디서 나올까?'를 궁금해할 수 있다. 헤르만 헤세의 『수레바퀴 아래서』는 삶의 이정

표란 무엇인지 질문을 던진다. 생명의 본질에 대한 새로운 시각을 제시한 리처드 도킨스의 『이기적 유전자』는 인간의 본성은 '이기적인가? 이타적인가?'라는 무수한 질문을 던지고 있다. 인공지능을 대체할 수 없는 인간 고유의 가치인 고전을 읽어야 한다. 허연 작가는 고전을 읽는 것은 '초월'을 경험하는 것이라 말했다.

4. 종이책과 함께 전자책, 오디오북을 연결해서 읽어라

밀리의 서재 대표 박현진은 "혼자 읽던 독서행위가 디지털 환경에서 다양한 기기를 이용해 시간과 장소에 구애받지 않고 여럿이 정보를 공유하는 형태로 바뀌었다."라고 말했다. 기존의 종이책을 꾸준히 읽는 행위에서 벗어나 디지털 시대에 전자책, 오디오북의 디지털기기를 활용하여 읽기 방식이 다양화되고 있다. 읽는 속도에 따라, 읽는 방향에 따라, 환경에 따라 가독성에 맞게 디지털기기를 활용하면 된다. 종이책은 긴 시간이 소요되는 책을 소화할 때 읽기 좋다. 전자책은 종이책보다 눈의 피로도가 높아 소설 같은 읽기 편한 주제가 좋으며 여백이 넓은 글꼴로 설정하여 읽어야 한다. 눈이 피로하면 독해 속도가 떨어질 수밖에 없기 때문이다.

전자책은 스마트폰, 태블릿 단말기 등을 통해 볼 수 있어 가볍다는 장점이 있다. 이 때문에 이동 중이거나 짧은 시간 책을 읽고 싶을 때, 완독보다는 다양한 책을 읽고 싶은 '병렬 독서형'(한쪽에 치우치지 않는) 독자에게 좋다. 시공간에 벗어나 자유롭게 읽을 수 있으니 편하고 주변이 조용한 카페나 도서관, 책방이 좋다. 전자책 단말기인 '이북 리더기'를 구입하여 여러 기능을 활용해 보는 것을 권한다.
김경진 작가는 "에세이는 깊이 생각하지 않아도 내용을 이해할 수 있어 집중이 어려운 디지털기기에도 적합하다."라고 했다.

무겁게 가방에 넣고 다니지 않아도 된다는 점에서 오디오북은 이동하면서도 들을 수 있다는 장점이 있다. 예를 들면 운전을 할 때나 버스나 지하철로 이동할 때 이어폰만 있으면 시공간 제약 없이 들을 수 있고 듣는 속도도 상황에 따라 조금 빠르게, 느리게 들을 수 있다. 동시의 여러 작업이 가능하여 시간을 아낄 수 있다.
밀리의 서재에서 '올해의 책'으로 선정된 클레어 키건의 『이처럼 사소한 것들』은 오디오북으로도 나왔다. 이 책은 성우들의 실감 나는 연기를 더 해 몰입감을 극대화한 콘텐츠로 주목받았다. 영화, 종이책도 인기가 많았다. 함께 읽고 이야기를 나누면 색다른 묘미를 느낄 수 있다.
이처럼 오디오북이 주목받는 배경에는 시간 대비 만족도를 이르는 '시성비'를 중시하는 트렌드가 있다. '밀리의 서재'와 '윌라 오디오북'에 가입하여 월정액을 지급하면 권수 제한 없이 무제한으로 들을 수 있다. 오디오북을 넘어 채팅 형식으로 책 내용을 설명해 주는 '챗북'도 등장했다.

5. 책을 읽다가 행복감을 느끼는 상태인 리더스 하이(Reader's High)를 찾아라

마라토너들이 극한의 고통을 이겨낼 수 있는 정신적 쾌감 러너스 하이(**Runners' High**)와 같이 책을 읽다가 행복감을 느끼는 리더스 하이(**Reader's High**)를 찾아가야 한다. 책을 읽을 때 느끼는 카타르시스, 즉 정신적 만족감이 리더스 하이다. 정서가 메말라 가는 사회에서 독자생존에 가장 필수적인 요소임에 틀림없다.

자기에게 맞는 관심 분야의 책을 읽고 행복한 즐거움이 오는 순간 기록과 경험을 통해 공유하는 것이 필요하다. 가슴에 훅 들어온 문장을 다른 사람과 나누면 기쁨이

배가 될 뿐만 아니라 행복감도 오래간다. 짜릿한 쾌감을 느낄 때 엔도르핀이 생성되어 책 읽는 만족감이 향상되고 자신감은 높아진다. 예를 들어 영화와 함께 그 원작의 책을 읽어보면 어떨까. 텍스트를 시각적으로 보는 매력은 묘한 몰입감과 쾌감을 선사한다. 2016년 개봉한 <당신, 거기 있어 줄래요>는 기욤 뮈소의 동명 소설을 원작으로 했다. <미 비포 유>는 조조 모예스의 동명 소설이 원작이다. 봉준호 감독의 <미키 17>은 에드워드 애쉬턴 작가가 2022년에 내놓은 소설 『미키7』이 원작이다. 영화 <댓글부대>는 장강명의 동명 장편소설을 원작으로 한다.

6. 확장적 책 읽기로 복잡한 문제를 다양한 관점에서 해결하라

인공지능 시대는 단순히 책을 깊이 읽는 것만 아니라 확장적 책 읽기로 책의 내용을 여러 관점에서 분석하고 다른 책과의 연관성을 파악하는 것이 중요하다. 예를 들면 예술과 과학책을 함께 읽으면 예술가의 복잡한 예술세계와 맥락을 이해하고 분석하여 과학의 상상력과 창의력을 불러일으키는 데 도움을 줄 수 있다. 역사와 문학책의 경우 넓은 시야와 안목을 길러 관점의 대상을 공감하고 비판적으로 바라보는 데 효과가 있다.

정치학자 문병철과 천문학자 이명현이 쓴 『복잡한 세상을 횡단하여 광활한 우주로 들어가는 사과책』에서 "인간과 사회, 자연을 온전히 이해하기 위해서는 과학적 이해와 사회과학적 통찰이 동시에 필요하기 때문이다."라고 말했다. 사회과학과 자연과학을 함께 사고할 경우 폭넓은 관점으로 연결될 수 있다.

가짜뉴스나 거짓·허위 정보 등에 사기당하지 않기 위해, 인공지능 시대를 살아가는 우리는 지식과 사고를 폭넓게 확장해 AI와 차별성을 키울 수 있어야 한다. 이는 복잡한 사회문제를 해결하는 데 탁월한 효과를 발휘한다. 한 분야에 치우친 독서를 지양하고 다양한 장르와 주제의 책을 확장적 읽기로 접목하여 폭넓은 시각과 배경지식을 얻기 바란다.

7. 책을 읽은 후 기록하거나 메모하는 습관을 길러라

성공한 사람들의 공통된 특징 중 하나는 메모하는 습관이다. 링컨, 에디슨, 잭 웰치 등은 유명한 메모광이었다. 기업 CEO들은 대표적인 메모광들이다. 메모는 성공의 조건이다.
책에 줄을 긋고 여백에 생각의 표현을 하는 것은 독서에서 중요한 행위다. 책을 읽는 것도 중요하지만, 더 중요한 건 오래 기억해 두는 것이다. 자기의 생각과 의문, 중요한 문장이나 단어가 있을 때 기억이 잘되도록 표시하고 반응에 관한 생각을 기록장에 옮겨 놓는다. 책의 여백에 의문이 들면 '?' 중요하게 생각하는 문장에는 '★' 나의 글은 '연필'로 생각을 정리해 둔다. 포스트잇으로 표시하는 것은 한 번 더 읽어봐야 할 페이지다. 메모하고 표시를 남기면 찾고 싶을 때 최대한 빨리 찾을 수 있다는 장점이 있다. 읽은 책 속의 명언, 감상, 깨달음 등을 SNS에 올려 타인과 공유하는 것도 좋다. 정보로 소통할 수 있을 뿐만 아니라 좋은 글과 문장을 전파할 수 있다. 전파를 통해 나라는 존재를 알릴 수 있고 자신감도 좋아진다.

전자책 전용 단말기인 '이북 리더기(E-Book Reader)'를 이용하는 독자는 하이라이팅, 메모 작성, 밑줄긋기, 조명 밝기, 검색 등 다양한 기능을 활용하여 더욱 효율적으로 독서를 즐길 수 있다. 필자는 형광펜으로 밑줄을 긋고 짧은 메모를 했던 문장을 노트 기능에 저장해 놓았다. 시간이 날 때마다 브런치와 페이스북에 올려 쓰는 근육을 단련했고 기록해 두는 습관을 게을리하지 않았다.

오디오북은 취침 타이머 설정, 재생 속도 설정, 백그라운드 재생 등의 기능을 지원한다. 눈과 손이 자유로운 '멀티태스킹'이 가능하다. 특히 전문 성우가 읽어주기 때문에 생생한 목소리를 통해 캐릭터들의 감정을 느낄 수 있다는 장점이 있다.
디지털기기의 기능을 적극적으로 활용하는 것은 내용 기억에 도움이 될 뿐만 아니라 독서에 대한 집중력도 높일 수 있다.

닫는 글

좋은 독자로 성장하기 위한 읽는 태도

책과 가까워지기를 바라는 마음

나는 학교 도서관 사서다. 사서가 되고 싶어서 되었던 것은 아니다. 그것도 우연히 시골에서 막 올라온 아이가 도서관이라는 곳을 신기하게 생각했었다. 책이 있는 공간에서 머물렀던 시간이 길었고 그 시간만큼 책들의 매력에 빠지게 되었다. 지금에 와서 '사서라는 직업은 만날 수밖에 없는 운명 아니었을까?' 하는 합리적 의심이 들지만, 책과 가까이하면서 자연스럽게 스며들기 시작했기 때문에 지금까지 왔는지도 모른다. 어릴 적 책이 없던 시절을 생각해 보면 오늘날에는 그야말로 책의 천국이다. 책을 읽는 독자부터 책을 내는 평범한 독자까지 그들에게 책은 무슨 의미로 다가왔을까? 사서로 살아오면서 독서에 대한 질문을 수없이 받아 왔었다.

'무슨 책을 좋아하나요?', '어떤 책이 재미있어요?', 인생 책이 있나요?' '내 취향에 맞는 책 추천해 주세요.' 등 묻는 것이 어쩌면 자연스러운 일이다. 질문 받는 것도 질문의 답을 찾아가는 것도 공감이 있어야 이용자의 삶으로 들어갈 수 있다. 막연한 책임감과 사명감, 의무감 그 무엇보다 함께 호흡하는 시간이 중요했고 책태기(책과 권태기의 합성어)를 극복하려는 반성이 있었다. 책 모임을 이끌어 가면서, 책 처방전을 열 때도, MBTI 개인 독서 취향에 맞게 책 추천을 할 때도 독서의 한계 앞에 중심을 잡아줄 책이 필요했다. 질문을 따라갈 때마다 길이 보이지 않아 답답할 때가 많았다. 독서에 자극이 되고 동기가 될 분명한 의미를 찾아가는 것 또한 중요한 일이었다.

책을 접할 때 중요하게 생각하는 것은 나의 상황을 이해하고 공감해 주는 에세이와 소설책, 자기 계발서 등이었다. 감동을 한 책은 많으나 인생에 큰 변화를 일으켰다거나 터닝포인트가 된 책은 극히 드문 것 같다. 세월에 따라 느낀 정도가 달랐고 감정이입이 잘 되지 않았다가 나이가 들수록 슬픔으로 삭인 적도 있었다. 인생에서 감명 깊게 읽은 책이라면 관계와 존재의 철학을 일깨워 준 생텍쥐페리의 『어린 왕자』, 시간의 진짜 의미를 가르쳐 주었던 미하엘 엔데의 『모모』가 있겠다.

"그렇지 않으면 수레바퀴 아래 깔리고 말 테니까."라는 구절이 좋았던 헤르만 헤세 『수레바퀴 아래서』, 어차피 삶은 행복과 불행이 맞닿아 있음의 연속이라고 한 양귀자 『모순』, 니나 때문에 힘이 되었던 루이제 린저 『생의 한가운데』, 오래된 미래가 아니라 현실 같은 느낌으로 실감 나게 읽었던 천선란의 『천 개의 파랑』. 또 빠질 수 없는 법정 스님의 『무소유』와 『홀로 사는 즐거움』은 삶이란 살아 있는 것임을 느끼게 했고 가슴 뛰게 만들었다.

내게 인생 책이라 함은 에세이와 같이 공감의 언어가 불러 모은 삶의 결과다. 깊게 파고드는 파동의 문장처럼 흔들리는 나를 잡아주는 책을 찾지 못했다. 잘하고 싶었던 독서는 공감의 대상이었고 삶을 연결하는 중요한 도구였고 화두였다. 한 사람 한 사람의 인연이 될 낡고 오래된 것들의 책이 뇌리에 스친 문장들로 가득 찰 수 있도록 의미를 부여했다.

요즘 책을 읽어도 집중하는 시간이 점점 줄어든다. 한 권의 책을 끝까지 읽기보다는 여러 권의 책들을 뒤섞어 읽다 보니 자연히 그 시간은 밋밋한 나날들로 가득 찼다. 그럴 때 독서가들의 독서 경험들을 읽어보거나 독서법에서 다시 집중할 시간을 잡고자 하는 마음이 크다. 독서는 그 어떤 것도 저절로 이루어지지 않는다. 왕도가 없으므로 풀어가는 과정도 어렵다. 끝까지 하고자 하는 마음, 독서가로 가기 위한 진정성이 필요했다.

사람의 인연, 고양이의 묘연처럼 책연(冊緣)으로 만나게 되는 인연은 쉽지 않은 일이다. 뜻밖의, 불현듯 일어나는 책을 통한 만남을 지속한다면 우리의 지성과 감성은 믿음의 공감으로 만들어질 것이다. 나에게 한 책이 가져다준 책연은 2021년 10월 어느 가을날 동네 책방지기와의 만남이었다.

책방지기와의 대화에서 함께 고민했던 독서 이야기는 한 줄기 빛을 가져다 주었다.

"책방지기 님은 책을 매일 읽나요?"

"아니요."

"그럼 왜 읽지 않게 되었나요?"

"시간이 잘 나지 않아 여유가 없어요, 독서는 여유가 있을 때 더 집중할 수 있었죠."

마침 『매일 읽겠습니다』라는 책을 읽고 있는 책방지기를 보며 그 책에 대해 알고 싶어졌다.

"이 책은 책 애호가가 책을 읽는 사람들이 책과 가까워지기를 바라는 진심을 담았어요."

베스트셀러 소설 『어서 오세요, 휴남동 서점입니다』를 쓴 황보름 작가의 첫 에세이로, 그녀의 삶 속 독서가 오롯이 스며든 책이다. 책 제목에서도 '매일 읽겠다'는 다짐을 하는 단단한 마음이 내 마음 같다는 생각에 구매하지 않을 수 없었다.

3년이 지났지만, 여전히 독서 권태기가 올 때마다 서가에서 꺼내 다시 읽고 곱씹어 보았다. "흔들리지 않고 책을 읽기 위한 나의 다짐", 도둑맞은 독서력을 찾기 위한 반성의 시간처럼 채워갔다. "약간의 용기와 약간의 단단함을 나는 책에서 얻었다."라는 작가의 말처럼 나도 그렇게 되고 싶다고, 책을 읽는 순간부터 다짐한 적이 있었다. 하지만 그때뿐이란 걸. (반성의 시간)

맛깔나게 읽고 쓰는 작가의 시선을 따라 가면 그 시간만큼 또렷하게 보인다. 책은 읽고 쓰는 재미를 붙여야 한다는 말 속에 나는 또 하나의 단서를 발견했고 우연의 기쁨에 사로잡혔다. 독서는 기억하는 것이 아니라 변화하는 것이 중요하다는 말, 독서를 하면 할수록 집중이 높아진다는 말, 타이머를 켜고 책을 읽는 작가를 보며 나 또한 작은 실천이라도 해보았는지 확인하는 시간이 되었다. 책과 가깝게 만드는 53편의 에세이가 수록된 책에 책 소개까지 곁들여져 황홀하게 했다.

나는 죽을 때까지 독자로 살고 싶다는 저자의 말에 책이 우리 삶에 얼마나 유용한 존재인지 다시 한번 깨달을 수 있었다. 한 구절 한 문장을 제대로 음미하고 밑줄을 긋거나 곱씹어 보는 등 초심으로 돌아가고자 노력했다.

"내 심정을 알아줄 것 같은 책, 평소의 내 관심사를 주제로 한 책, 바쁜 와중에도 가볍게 몇 장씩 읽을 수 있는 책을 고르면 된다." 밑줄 친 문장에서 내가 고르는 책의 취향이 뚜렷하게 나의 삶으로 들어오기 시작했다.

의무감으로 읽어왔던 책을 아침 출근 시간에 틈틈이 읽었고 잠들기 전 30분, 40분씩 늘려갔다. 여유가 생길 때마다 책 읽는 시간을 가졌다. 아이들의 개인적인 독서성향에 맞는 책을 추천해 주는 것이 자연스럽게 연결되었다. 무엇보다 서서히 어린이 세계로 다가가는 마음이 컸다. 독서 모임에서는 생각의 부딪힘이 좋았다. "아, 그렇게 생각할 수 있겠구나." 다른 관점으로 바라보는 나 자신을 발견했을 때 이 책이 가져다준 작은 파장의 물결이 스며들게 된 것에 대해 기회가 된다면 그 감사함을 황 작가에게 전하고 싶었다.

책에서 발췌한 문장과 생각들을 나 아닌 다른 이와 함께 나누는 삶을 살아가는 좋은 독자가 되겠다고 스스로 다짐해 본다.

일상의 문제를 의미 있게 가닿게 하는 것은 결국 '책'이다

우리는 AI, 챗GPT가 가져다준 넘쳐나는 정보의 홍수 속에 살고 있다.

인공지능 시대에 대응할 수 있는 방향에 독서는 유효한 도구일까? 무수히 많은 의문이 떠나질 않았다.

이처럼 질문과 융합적 사고의 힘은 독서에서 나온다. 일론 머스크, 빌 게이츠, 스티브 잡스, 마크 저커버그 등은 정보기술(IT) 기업의 대표들로 인문과 독서를 융합하는 것을 중요하게 생각했다.

독서가 가진 의미는 우리의 사고를 무수히 성장시킬 수 있는 무기가 될 수 있다고 믿기 때문이다. 질 좋은 질문을 던지는 것도, 생각하는 힘을 길러주는 힘도 결국 AI 시대에 독서는 유효할 수밖에 없는 중요한 도구임이 틀림없다.

뇌과학자 정재승 교수는 "인간은 책을 읽는 동안 인공지능이 따라오지 못하는 창조력과 상상력을 자극하는 전전두엽의 발달을 경험할 수 있을 것이다."라고 말했다.

인간만이 지닌 독서가 아직 유효하다고 하지만 읽지 않으면 소용없다. 읽는다는 것은 기대 이상의 흥미진진한 세계로 가득 차 있기 때문에 그 가능성은 무궁무진하다. 책은 가장 가성비가 좋은 무기다. 그 값어치는 어마어마한 위력을 가진다.

독서는 일상과 사회에서 마주하는 문제를 제대로 파악하는 데 가장 좋은 도구로써 단순히 책 자체만을 목적으로 삼지 않는다. 시간이 곧 비용이라며 책 읽을 시간도 아껴야 한다는 사람들에게 그럼에도 책을 권하는 이유다.

이 중요한 시기에 SNS에 올라온 지인의 책 추천이 눈에 띄었다. 뉴스레터 인스피아 콘텐츠를 운영하는 김지원 기자가 쓴 책『지금도 책에서만 얻을 수 있는 것』을 누구나 읽기를 바라는 마음이 담겼다.

책맹, 문해력, 질문, 이해력 등 이 모든 단어가 요즘 독서의 위기에서 출발할까? 글을 잘 읽지 않는 것이 문해력 때문일까? 읽지 않은 독자만의 탓일까? 이 책은 그런 질문에서 찾아가는 작은 실마리를 주었다. 텍스트가 홍수처럼 쏟아지는 시대에 "읽을 수 있는, 읽을 가치가 있는, 읽는 즐거움이 있는" 글을 찾는 가장 쉬운 방법은 책을 읽는 것이다.

무엇보다 책은 일상과 사회에서 마주하는 다양한 문제를 새로운 시선과 대처할 수 있는 자세로 엮어줄 수 있는 효용적 가치가 충분하기 때문이다.

얼마 전 도서관 이용 교육에서 거북목 증후군과 디지털기기의 과의존 위험군 진단법을 함께 알아보았다. 초등학생들은 스마트폰 중독에 대해 잘 알고 있었고 어른보다 심각한 수준에 도달하지 않았다. 몇몇 학생에게 보이는 중독 현상은 타이머 설정을 통해 심각해지기 전에 자각할 수 있도록 지도했다. 문해력 테스트에도 잘못 이해하고 있는 단어나 문장이 많았다. 나는 온라인 중독 현상으로부터 발생한 문해력 문제를 '왜'라는 의문에서 찾았다.

정보 과잉시대에 온라인에서의 체류 시간이 길어질수록 [18]매튜효과(Matthew effect)는 더욱 커지리라는 연구 결과가 나타났다. 이 책의 저자는 가치 있고 신뢰할 만한 정보에 접근하는 방법 중 하나로 도서관을 추천했다. 그 이유로 도서관은 믿을 수 있고 신뢰할 만한 정보를 접하기 가장 용이하기 때문이다.

"더 나은 삶을 궁리하는 일이 모두 '읽기'와 긴밀히 연결되어 있다. 결국, 읽기란 나를 벗어나 나의 바깥에 있는 세계를 들여다보고 받아들이는 행위이기 때문이다."

길고양이 학대, 층간소음, 댓글 조작, 사이버 폭력, 가짜뉴스, 저출산 등 심각한 사회적 문제처럼, 우리가 사는 일상의 문제를 깊게 파고들 수 있도록 밀도 있는 사고를 할 수 있게 도와주는 '그물'인 책이 필요한 시점이다. 책은 자신이라는 비좁은 세계를 뚫고 나갈 수 있도록 도와주는 도구이기 때문이다. 문제를 바라보는 관점을 어떻게 변화시키는지는 중요한 의미로 다가온다.

18 매튜효과(Matthew effect)는 부유한 사람은 점점 더 부유해지고, 가난한 사람은 점점 더 가난해지는 부익부 빈익빈 현상을 뜻하는 사회학적 용어로 승자독식 현상을 말한다.

이 책을 읽으면서 깊이 있는 사회적 문제에 관한 책을 살펴보았다. 좋은 독자가 되기 위해서는 "책을 지팡이 삼는다."라는 말처럼 생각의 타래를 끝없이 엮고 엮어가는 자세를 지녀야 한다. 스스로 인지하고 정의롭게 사고하는 방향으로 나아가는 것이 중요해졌다.

나의, 우리의, 사회 문제에 깨어 있는 사고와 질문을 하기 위해선 '믿을 수 있는 정보', '쓸 만한 정보'인 책을 읽어야 하고 결국 절박하고 진정성 있는 책 읽는 태도가 우리에겐 필요하다.